U0129452

之江新语

ZHIJIANG XINYU

习近平 著

浙江人民出版社

重　印　说　明

　　2007 年 8 月，我社出版了习近平同志的《之江新语》一书。该书辑录了习近平同志担任中共浙江省委书记期间自 2003 年 2 月至 2007 年 3 月在《浙江日报》"之江新语"专栏发表的 232 篇短论。这些短论，鲜明提出了推进浙江经济社会科学发展的正确主张，及时回答了现实生活中人民群众最关心的一些问题，是坚持"从群众中来，到群众中去"这一科学的领导方法和工作方法的生动体现，是运用马克思主义的立场、观点和方法观察问题、分析问题、解决问题的光辉篇章。

　　该书出版以来，深受广大读者特别是各级领导干部的关注。为满足读者的阅读需求，我社经批准重印此书。此次重印，内容均保持 2007 年初版原貌。

浙江人民出版社

2013 年 11 月

目录
CONTENTS

调研工作务求"深、实、细、准、效"

（二〇〇三年二月二十五日）

现在全省上下大兴调查研究之风，各级领导干部在调研工作中，一定要保持求真务实的作风，努力在求深、求实、求细、求准、求效上下工夫。

"深"，就是要深入群众，深入基层，善于与工人、农民、知识分子和社会各界人士交朋友，到田间、厂矿、群众和社会各层面中去解决问题。"实"，就是作风要实，做到轻车简从，简化公务接待，真正做到听实话、摸实情、办实事。"细"，就是要认真听取各方面的意见，深入分析问题，掌握全面情况。"准"，就是不仅要全面深入细致地了解实际情况，更要善于分析矛盾、发现问题，透过现象看本质，把握规律性的东西。"效"，就是提出解决问题的办法要切实可行，制定的政策措施要有较强操作性，做到出实招，见实效。

不能在"温室"里培养干部

（二○○三年六月十六日）

现在在一些地方，有的干部被列为后备干部、成为培养的"苗子"后，组织上就很愿意为他设好"台阶"，铺好"路子"，而恰恰忽略了把他放到艰苦的岗位上去磨炼；如果组织上真的把他放到艰苦的岗位上，他本人往往认为是对他的不信任。这其实是干部培养工作的一大误区。

好钢要用在刀刃上，"千里马"要在大风大浪中经受考验，后备干部不能放在"温室"里去刻意培养。"天将降大任于斯人也"，必先以磨难历练他，这样才能"增益其所不能"。不经历风雨，怎能见彩虹？

选"千里马"，要在竞赛中挑选。对后备干部要注重在艰苦岗位、复杂的环境中去锻炼、识别。铺"路子"不如压"担子"，这才是培养干部的好办法。

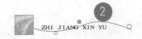

不求"官"有多大，但求无愧于民

（二〇〇三年六月十八日）

有的干部辞职下海了，还"无车弹铗怨冯骓"，抱怨组织上给他的"平台"不够大。多大的"平台"才够呢？平心而论，一个干部当到了县里的主要领导，就不能说是"大材小用"、"英雄无用武之地"了。

做人要有人品，当"官"要有"官德"。当干部的，不能老是想着自己的升迁。"莫道昆明池水浅"，一个干部，无论处在什么岗位，只要心系群众，都可以做出一番事业来。县委书记的榜样焦裕禄，"官"有多大？但他的形象是十分高大的。当干部，不求"官"有多大，但求无愧于民。同时，一个干部的能耐有多大，最终人民群众看得清清楚楚，组织上也明白。是"锥子"总会脱颖而出的。

当干部的，要真正在思想上解决"入党为什么，当'官'做什么，身后留什么"的问题，牢记"两个务必"，真正做到权为民所用、情为民所系、利为民所谋。

把帮扶困难群众放到更突出的位置

（二〇〇三年七月八日）

浙江经济社会发展到现阶段，按照全面建设小康社会的要求，我们应该把帮助群众解决实际困难，特别是帮扶城乡困难群众放到更为突出的位置。

坚持执政为民，全心全意为人民服务，是人民公仆的天职。我们要把帮扶工作看做是分内的事。做好帮扶工作，关键是各级领导的心中要时刻装着群众。有的县每年从省里拿到的财政转移支付有几千万元，却拿不出几十万元的低保金。如果对群众有感情的话，这些钱是拿得出来的，也是应该拿出来的。

帮助群众特别是困难群众解决各类实际问题，除了要不断完善面向全社会的各类社会保障制度外，还要建立面对困难群体的长效帮扶机制。在财政支出上，各地一定要突出重点，优先保证农村教师工资、城乡居民最低生活保障、农民大病统筹、"五保"对象集中供养、困难家庭子女就学救助等与群众利益密切相关的支出。

路 就 在 脚 下

（二○○三年七月十一日）

又到了高考录取揭榜的时候。考上大学固然可喜，但没考上大学也不用悲观，更不能绝望。路就在脚下。一个人能否成才，关键不在于是否上大学，而在于他的实际本领。社会本身就是一个大学校，留心处处皆学问。只要你肯学习、能吃苦，没有读过大学，照样能成才。

近段时间，我省一些地方学生非正常死亡时有发生，应引起高度重视。导致学生非正常死亡的原因是多方面的，有的是因为学校对学生重文化知识教育，轻法纪道德教育、心理健康教育和人文关怀不够，致使有的学生心理变得浮躁、脆弱；有的是因为一些家长对子女疏于教育管理或要求过高，"望子成龙"、"盼女成凤"心切，给子女施加过大的压力。为此，一定要从社会、学校和家长等多方入手，千方百计把孩子从分数中解放出来。要让他们明白，人生道路千万条，各行各业都能成才。只要矢志追求、努力拼搏，照样可以实现人生抱负和目标。

理论学习要有三种境界

（二〇〇三年七月十三日）

著名学者王国维论述治学有三种境界：一是"昨夜西风凋碧树，独上高楼，望尽天涯路"；二是"衣带渐宽终不悔，为伊消得人憔悴"；三是"众里寻他千百度，蓦然回首，那人却在灯火阑珊处"。

领导干部学习理论也要有这三种境界。首先，理论学习上要有"望尽天涯路"那样志存高远的追求，耐得住"昨夜西风凋碧树"的清冷和"独上高楼"的寂寞，静下心来通读苦读；其次，理论学习上要勤奋努力，刻苦钻研，舍得付出，百折不挠，下真功夫、苦功夫、细功夫，即使是"衣带渐宽"也"终不悔"，"人憔悴"也心甘情愿；再次，理论学习贵在独立思考，学用结合，学有所悟，用有所得，要在学习和实践中"众里寻他千百度"，最终"蓦然回首"，在"灯火阑珊处"领悟真谛。只有这样，各级领导干部才能做到带头学、深入学、持久学，成为勤奋学习、善于思考的模范，解放思想、与时俱进的模范，学以致用、用有所成的模范。

树立五种崇高情感

（二〇〇三年七月十七日）

胡锦涛同志多次要求广大党员干部做到权为民所用、情为民所系、利为民所谋。情为民所系是基础，不能做到情为民所系，手中的权就难以真正为民所用，也就难以真正做到利为民所谋。

要做到情为民所系，就要以党的先进人物为榜样，培养和增强对人民群众的深厚感情，学习和树立五种崇高的情感。一要学习邓小平同志的情怀感。他说："我是中国人民的儿子，我深情地爱着我的祖国和人民。"二要学习雷锋同志的幸福感。他虽然只活了二十二年，但他说："什么是幸福？为人民服务是最大的幸福。"三要学习孔繁森同志的境界感。他有一句名言："爱的最高境界就是爱人民。"四要学习郑培民同志的责任感。他始终把"做官先做人，万事民为先"作为自己的行为准则。五要学习钱学森同志的光荣感。他把群众的口碑当作自己无上的光荣。只有学习和树立这五种崇高的情感，才能心里装着群众，凡事想着群众，工作依靠群众，一切为了群众，切实解决好"相信谁、依靠谁、为了谁"的根本政治问题，努力为人民掌好权、用好权。

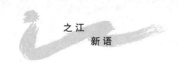

大事讲原则，小事讲风格

（二〇〇三年七月十八日）

　　我们平时常讲团结就是力量，团结出凝聚力、出战斗力、也出干部，这说明团结是何等的重要。其实，团结是班子建设的重要问题，讲团结是讲政治、顾大局的表现。加强团结，"一把手"要负主要责任，应以身作则，严格要求，善于抓方向、议大事、管全局，善于团结各方面同志包括与不同意见的同志一道工作，善于充分调动班子成员的积极性、主动性和创造性，真正做到发扬民主，集思广益，科学决策，防止和克服独断专行、软弱涣散和各行其是。每个领导干部都要正确对待自己，正确对待同志，正确对待组织，对有些事要拿得起、放得下，豁达一些，做到严于律己，宽以待人，大事讲原则，小事讲风格，在合作共事中加深了解，在相互支持中增进团结，形成领导班子的整体合力。

文化产品也要讲"票房价值"

（二〇〇三年七月二十日）

文化产品不能故作"清高"，不屑于讲"票房价值"，不能再走创作—获奖（省优、部优）—"搁"优的老路了。

在社会主义市场经济条件下，文化产品的生产和传播，绝大部分都要进入市场。文化产品只有成为广大群众的自觉消费，才能最大限度地实现文化的宣传教育功能，达到以优秀作品鼓舞人的目的，这就是大力发展文化产业的意义所在。有市场的文化不一定是先进文化，但没有市场的文化更难讲是先进文化。没有市场，作品给谁看？宣教功能怎么发挥？先进性又体现在哪里？

先进的文化产品，应当既体现先进性，又能体现群众性；既不"趋利媚俗"，又不远离市场、忽视市场。从这个意义上讲，文化产品的意识形态属性与产业属性是一致的，占领市场与占领阵地是一致的，社会效益与经济效益是一致的，文化产品的先进性与实现人民群众的文化利益是一致的。我们要充分发挥社会主义市场经济体制的优势，创作和生产"贴近实际、贴近生活、贴近群众"和"面向现代化、面向世界、面向未来"的文化产品，去占领市场，赢得群众，不断巩固和扩大社会主义意识形态阵地。

不要引导领导干部当"满票干部"

（二〇〇三年七月二十一日）

现在各地都在深化干部人事制度改革,进一步推进竞争上岗,加大公开选拔干部工作的力度,这是值得肯定的。但在选拔干部时要注意两个问题:一要正确处理德与才的关系。才为德之基,德为才之帅。现在选干部,容易忽视的往往是德。因此,在把握德与才的关系时,特别要注重德,把德放在首位。同时,德与才也不是抽象的,由于工作战线、事业领域的不同,德与才都应结合实际加以具体化。二要正确对待民主测评。强调群众公认当然很重要,如果大多数群众反对,一般来说这个干部是有问题的。但讲群众公认决不是单纯以票取人。敢负责、干工作的干部往往会丢点票。不能形成"唯票"的导向,不要引导领导干部当所谓的"满票干部",否则就会引导干部当"老好人",不敢得罪人,甚至拉票、贿选。党委把好用人关,就是要把握大节、抓住主流、注重品德,及时发现、肯定默默无闻、埋头苦干、不事张扬、德才兼备的人,提拔、任用真正坚持立党为公、执政为民,敢负责、能干事的人。只有这样,才能健全考核评价体系,提高干部考核评价的准确度及科学性,有效防止考察失真、评价失准、用人失误。

引进人才要防止"近亲繁殖"

（二〇〇三年八月二日）

最近北京大学进行人事制度改革，教授实行聘任制，本校学生一般不留校。前不久，广州、深圳、佛山联手在全国范围招聘人才。他们的用意都在防止"近亲繁殖"，促进人才的合理流动。

我省近几年也出台了一系列政策，拆除"围墙"，降低"门槛"，开辟"绿色通道"，从全国各地引进各类人才六万余人。但也要清醒地看到，我省的人才资源总量还严重不足，结构性矛盾突出，每万人口中具有大学程度的人口比例居全国第十七位，高层次人才、高新技术人才、青年人才严重缺乏。"人才资源是第一资源"，要做到求贤若渴，爱才如命，惜才如金，唯才是用。人才引进要有新思路、宽眼界、大举措，这就要有国际眼光，从全国范围、世界范围吸引人才；同时要创新机制，以各种形式吸引海内外优秀人才来浙江工作、为浙江服务；还要营造尊重特点、鼓励创新、信任理解、宽容失败的良好环境，使浙江真正成为各类人才创新、创业的天堂和乐园。

抗旱要"目中有人"

（二〇〇三年八月七日）

今夏大旱，历史罕见，这是考验各级党委、政府能否真正实践"三个代表"重要思想的一个关键时刻。做好抗旱工作首先要"目中有人"，这个"人"，就是人民群众，特别是广大的农民兄弟。

俗话说："涝灾一条线，旱灾一大片。"目前我省旱情仍在加剧，每天都会新增大量的受灾群众，但有些部门该下拨的资金没有尽快下拨到基层去，该下发的物资也没有送到基层去，却为了一些细枝末节的问题久拖不决，这种表现就是"目中无人"。

高温干旱，城市特别是省城的用水用电还有保障，但农村特别是山区一有旱情农民就要吃苦头。大旱面前，有关政府部门要高速运转，心里要时刻装着群众，尽快把物资、资金送到抗旱一线，派上用场。要走出机关到农村、到田头、到工厂去指导、帮助抗旱，要关心已经受灾的群众，同时要未雨绸缪，认真考虑灾后如何解决受灾群众的困难。

环境保护要靠自觉自为

（二〇〇三年八月八日）

像所有的认知过程一样，人们对环境保护和生态建设的认识，也有一个由表及里、由浅入深、由自然自发到自觉自为的过程。

"只要金山银山，不管绿水青山"，只要经济，只重发展，不考虑环境，不考虑长远，"吃了祖宗饭，断了子孙路"而不自知，这是认识的第一阶段；虽然意识到环境的重要性，但只考虑自己的小环境、小家园而不顾他人，以邻为壑，有的甚至将自己的经济利益建立在对他人环境的损害上，这是认识的第二阶段；真正认识到生态问题无边界，认识到人类只有一个地球，地球是我们的共同家园，保护环境是全人类的共同责任，生态建设成为自觉行动，这是认识的第三阶段。

自觉同自发相比，是一种积极的状态。对于一个社会来说，任何目标的实现，任何规则的遵守，既需要外在的约束，也需要内在的自觉。因此，建设生态省、打造"绿色浙江"，必须建立在广大群众普遍认同和自觉自为的基础之上。各地各有关部门要加大宣传教育力度，提升群众的环保意识，使其缩短从自发到自为的过程，主动担当起应尽的责任，齐心协力走可持续发展之路。

利用民资大有潜力

（二〇〇三年八月十一日）

在基础设施建设方面，我们的思路还应该更开阔一点，尤其要充分利用浙江民间资金充裕的优势，广泛吸引社会资金，实行多元化投入。最近开工建设的宁波杭州湾大桥，项目总投资一百十八亿元，注册资金三十五亿元，注册资金中民间资金占百分之五十点二六。这是吸引民间资金投入重大基础设施建设的范例，说明利用民间资金大有潜力、大有可为。

近几年来，国家实施积极的财政政策，加大政府投资的力度，拉动经济增长，收到了积极的效果。从长远来看，仅靠政府投资是不够的。要保持经济的持续快速增长，必须多管齐下，其中一个很重要的方面就是充分调动民间投资的积极性，扩大民间投资的规模，形成经济增长的内生机制。这是一个十分重要的、带有方向性、根本性的问题。要进一步放宽投资领域，一些具有赢利能力的基础设施建设项目，能放的要放。

两条腿走路好

（二〇〇三年八月十二日）

引进外资，我们自己和自己比，已有长足发展，但与广东、江苏、上海等省市相比，还是一条"短腿"。引进外资，不仅是一个资金问题，更重要的是引进技术、人才和管理，促进产业结构的调整和提升的问题，是一个扩大开放的问题，是一个与国际接轨的问题。我们一定要转变观念，采取有效措施，加大利用外资的力度，提高对外开放的水平。否则，我们就会"瘸腿"，就会丧失原有的优势，就会在竞争中落后。

两条腿走路总比一条腿好。我们提出北接上海、东引台资，就是要更好地利用上海这一对外开放的平台，承接国际产业转移，吸引外商落户，吸引外资投入，扩大对外贸易，不断提高对外开放水平。

把好事办好

（二○○三年八月二十三日）

目前，全省各地加快发展的积极性很高，城市建设、园区建设、基础设施建设、重大工业项目建设等进展很快。在此过程中，我们一定要高度重视涉及群众切身利益的问题。

许多工程投资大、涉及面广、动迁人员多，涉及群众的切身利益时，我们一定要妥善处置，把好事办好。要相信群众、教育群众、依靠群众，充分发挥党组织的政治优势、组织优势和群众工作优势，加大宣传教育力度，带着深厚感情去做工作，把思想工作做细、做实、做透，使广大群众正确处理长远利益与眼前利益、局部利益与全局利益、个人利益与整体利益的关系，充分理解和支持工程建设。

搞试点要"大胆设想小心求证"

（二〇〇三年九月十日）

　　我们在各项改革中，经常通过试点的方法，取得若干经验后再推广。既然是做试点工作，前人没有做过，就要有"敢为天下先"的精神，解放思想，大胆地闯，大胆地试，怎么有利于发展就怎么改革；就是要超越原有的体制，从根本上冲破束缚发展的桎梏。

　　做好试点工作，在"大胆设想"的同时，还要"小心求证"。要讲究策略，注意方法，力求水到渠成。要坚持点上试验，面上推广，先易后难，先浅后深，因地制宜，不搞一刀切，不求齐步走。在先行的试点中要鼓励成功，宽容失败，纠正失误，注意保护好干部群众的改革热情；在全面推进时则要以成熟的经验引路，避免反复，减少失误，尽可能把改革的风险和代价降到最低限度。同时，要注意把改革的力度与人民群众可承受的程度结合起来，加强思想政治工作，完善各项配套措施，做到积极稳妥，统筹兼顾，保证改革顺利进行。

努力打造"信用浙江"

（二〇〇三年九月十五日）

"人而无信,不知其可";企业无信,则难求发展;社会无信,则人人自危;政府无信,则权威不立。朱镕基同志在视察会计学院时提出"不做假账",这不仅是对会计人员的要求,也是对政府和政府官员的要求。我们一定要高度重视信用建设,努力打造"信用浙江"。打造"信用浙江",就要进一步强化政府信用,提升企业信用,建立社会信用;就要进一步健全信用制度,强化信用监管,倡导信用文化,营造信用环境;就要以企业为主体,建立包括信用信息、信用评价、信用激励和失范惩罚机制在内的社会信用体系;就要充分发挥政府在信用建设中的表率作用,树立诚信的形象,建设"信用政府"。

加强对西湖文化的保护

（二〇〇三年九月二十九日）

杭州西湖承载着悠久的历史，积淀着深厚的文化。西湖文化在杭州文化中有着独特的位置。在西湖四周，留下了吴越文化、南宋文化、明清文化的深刻印记，留下了无数文人墨客的佳话诗篇，留下了不少民族英雄的悲歌壮举，留下了许多体现杭州先民勤劳智慧的园、亭、寺、塔。可以说，西湖的周围，处处有历史，步步有文化。

对这些历史文化遗存，我们一定要保护好，利用好，传承下去，发扬光大。杭州在去年南线景区改造和今年新湖滨景区、杨公堤景区建设中，挖掘和恢复了不少历史文化景观，进一步丰富了西湖风景名胜区的文化内涵。在今后的开发和建设中，还要始终坚持这一点。现在有的地方搞旧城拆迁改造，把一些文物古迹搞得荡然无存，这是非常可惜的。作为省会城市，杭州应在保护文化遗存、延续城市文脉、弘扬历史文化方面，发挥带头作用，做得更好。

要有世界眼光和战略思维

（二○○三年十一月六日）

"一把手"是党政领导集体的"班长"，是一个地方和部门贯彻中央大政方针、省委省政府重大决策的第一责任人。把方向、抓大事、谋全局，是"一把手"的根本职责。

各级党政"一把手"要站在战略的高度，善于从政治上认识和判断形势，观察和处理问题，善于透过纷繁复杂的表面现象，把握事物的本质和发展的内在规律。要努力增强总揽全局的能力，放眼全局谋一域，把握形势谋大事，以"登东山而小鲁"、"登泰山而小天下"的气度和胸襟，始终把全局作为观察和处理问题的出发点和落脚点，以全局利益为最高价值追求，以世界眼光去认识政治形势，把握经济走势，了解文化态势；用战略思维去观察当今时代，洞悉当代中国，谋划当前浙江，切实把本地、本部门的工作放到国际国内大背景和全党全国全省的工作大局中去思考、去研究、去把握，不断提高领导工作的原则性、系统性、预见性和创造性。

打 好"团 结 牌"

（二○○三年十一月十一日）

懂团结是真聪明，会团结是真本领。团结出凝聚力，出战斗力，出新的生产力，也出干部。在团结问题上，"一把手"更应带好头，起好表率作用。那些"孤家寡人"、包打天下的"超人"，是不能长久的。只有靠"众人拾柴"和"三个臭皮匠"之力，靠大家帮衬，工作才能做好。

在一个班子中共事，是一种缘分，更是一种责任。我们要始终牢记毛泽东同志关于书记和委员之间"谅解、支援和友谊，比什么都重要"的教导，正确对待自己，正确对待同志，正确对待组织，用真诚赢得大家的理解和信任，在合作中加深了解，在共事中增进团结，以坚强的党性、良好的作风、规范的制度和人格的魅力抓好班子自身建设。

一个手掌，摊开是"多个指头"，握紧是"一个拳头"。班子的团结就好比"指头"与"拳头"的关系。"一把手"只是其中一个"指头"，充其量是个"大拇指"。一个"指头"劲再大，其他"指头"如果不用力，也难以体现出"拳头"的合力。所以，"一把手"要充分调动班子成员的积极性，使他们各司其职、各负其责、各展其才，从而使这个领导集体攥紧"拳头"，打出"团结牌"，形成整体合力。

多种声音和一首乐曲

（二〇〇三年十一月十三日）

　　集体领导是民主集中制在党的领导制度上的具体体现，是贯彻民主集中制的关键环节。由于人们观察问题的视角不同，个人阅历和知识结构不一，认识事物的能力和水平不尽相同，在讨论问题、作出决策时自然会见仁见智，发出"多种声音"。这"多种声音"，正是坚持集体领导、形成科学决策的基础。而"一种声音"，甚至于"悄然无声"，看起来是高度集中、至高威信，实非好事。

　　"一把手"的领导艺术，就在于有容人之气度、纳谏之雅量，充分发扬党内民主，确保决策的民主化和科学化，确保党委班子认识上的统一和行动上的一致。这就像一支乐队，只能有一个指挥。离开了指挥，乐队的演奏不协调，大家各自的声音汇集在一起就变成了"杂音"。乐队指挥的高超技艺，就表现在他能巧妙精致地指挥乐队，吹拉弹唱，丝竹和谐，齐奏一曲悦耳动听的交响乐。领导班子的"一把手"，就应该成为这样的指挥，善于把"多种声音"协调为"一首乐曲"，从而使领导集体的决策尽可能反映客观实际，符合人民利益。

共演一台"二人转"的好戏

（二〇〇三年十一月十七日）

各级党委和政府的"一把手"，不是简单的自然人，在很大程度上是党委和政府的人格化代表；彼此之间的关系也不只是简单的个人关系，更多的则是党政之间的关系。两人相处得如何，事关一个党委班子整体合力的发挥，事关一个地方经济社会发展的大局，事关一个地方人民群众的根本利益。

朋友可以选择，书记和市（县）长是组织上搭配的，双方应该"哥俩好"，而绝不能意气相争，更不能以为把对方说坏了自己就好了，在对方的缺点中体现自己的优点。

作为党委书记，要总揽而不包揽，学会"弹钢琴"，善于抓重点，充分发挥党委的领导核心作用，发挥各个班子的职能作用，而不能事必躬亲，专权武断，干预具体政务。作为市（县）长，要到位而不越位，在党委班子中积极发挥作用，自觉接受党委的领导，注意维护书记的威信，着力抓好政府党组的建设，主动按照党委的决策和书记的意图开展政府工作，遇到重大问题要及时向党委请示、报告。作为各级党政"一把手"，都要补台而不拆台，你落下的我主动捡起来，你不足的我主动补上去，同舟共济，齐心协力，共演一台"二人转"的好戏。

多双"眼睛"选贤任能

（二〇〇三年十一月二十一日）

　　选人用人是领导工作的重要内容，是对党委班子特别是"一把手"贯彻民主集中制原则的实际检验。在干部的选拔任用上，首先要擦亮自己的一双"眼睛"，在实践中识人辨才，加强对干部的考察和了解，尽可能多地掌握第一手情况。尤其要"近君子，远小人"，坚持原则，严格标准，不搞感情用事，摒弃个人好恶的影响，摆脱亲疏远近的干扰，树立正确的用人导向。

　　同时，要用好集体的多双"眼睛"。有时候，一双"眼睛"受视角和景深的影响，毕竟有一定的局限性，难免出现一些偏颇。而多双"眼睛"则能多视角、多侧面、多层次地了解一个干部，可以尽量避免"失真"。"一把手"就是要引导、鼓励班子成员表达不同的观点，把多双"眼睛"的"眼光"汇聚起来，形成一致的正确的用人意见。

政声人去后,民意闲谈中

(二〇〇三年十一月二十四日)

领导干部要想真正在群众心目中留下一点"影"、留下一点"声"、留下一点印象,就要精心谋事、潜心干事,努力为人民多作贡献,而绝不能靠作秀、取宠、讨巧,博取一些廉价的掌声。

领导干部要有强烈的事业心和责任感。党和人民把我们放在这个岗位上,这是对我们的信任,是赋予我们的责任,是给我们为党分忧、为国效力、为民尽责的机会。"政声人去后,民意闲谈中。"为"官"一任,就要尽到造福一方的责任,要时时刻刻为百姓谋,不能为自己个人谋。我们要坚持对上负责与对下负责的统一,忠诚于党和人民的事业,恪尽职守,尽心竭力,讲奉献,有作为。既要多办一些近期能见效的大事、好事,又要着眼长远、着眼根本,多做一些打基础、做铺垫的事,前人栽树、后人乘凉的事,创造实实在在的业绩,赢得广大人民群众的信任和拥护。

心无百姓莫为"官"

（二〇〇四年一月五日）

"群众利益无小事"。群众的一桩桩"小事"，是构成国家、集体"大事"的"细胞"，小的"细胞"健康，大的"肌体"才会充满生机与活力。对老百姓来说，他们身边每一件琐碎的小事，都是实实在在的大事，有的甚至还是急事、难事。如果这些"小事"得不到及时有效的解决，就会影响他们的思想情绪，影响他们的生产生活。

古往今来，许多有作为的"官"都以关心百姓疾苦为己任。从范仲淹的"先天下之忧而忧，后天下之乐而乐"，到郑板桥的"些小吾曹州县吏，一枝一叶总关情"；从杜甫的"安得广厦千万间，大庇天下寒士俱欢颜"，到于谦的"但愿苍生俱饱暖，不辞辛苦出山林"，都充分说明心无百姓莫为"官"。

我们是党的干部，是人民的公仆，一定要把群众的安危冷暖挂在心上，以"天下大事必做于细"的态度，真心诚意地为人民群众办实事、做好事、解难事。要抓实做细事关群众切身利益的每项工作，努力办实每件事，赢得万人心。

要讲究领导艺术

（二○○四年一月十三日）

一个高明的领导，讲究领导艺术，知关节，得要领，把握规律，掌握节奏，举重若轻。

在日常工作中，有三类干部：第一类，眼光敏锐，见微知著，"为之于未有，治之于未乱"，防患于未然，化解于无形，开展工作有板有眼，纵横捭阖，张弛有度，"谈笑间，樯橹灰飞烟灭"，这是领导艺术的最高境界。第二类，工作勤勤恳恳、忙忙碌碌、夜以继日，天天加班加点，虽然工作的预见性、敏感性不足，但问题暴露后，尚能及时采取措施，妥善加以解决。虽不能举重若轻而显得举轻若重，但"勤能补拙"，仍不失为勤政的干部。第三类，见事迟，反应慢，发现不了问题，出了问题后，或手足无措，或麻木不仁。我们每一个领导干部，都要努力学习，加强实践，不断提高领导水平，力求最高境界，力戒第三种情况。

珍惜在位时

（二○○四年一月十五日）

　　一个领导干部，在位的时间是有限的，在一个地方工作的时间更有限。我们每一个领导干部都要以"只争朝夕"的精神，倍加珍惜在位的时间，充分利用这有限的时间，多为群众办实事、办好事。

　　"政声人去后，民意闲谈中。"我们每一个领导干部都要常思常想"入党为什么，当'官'干什么，身后留什么"，视事业如泰山，把岗位看做是为党的事业奉献的机会，当作为人民服务的机会，倍加珍惜在位时，尽职尽责，有所建树，真正做到"为官一任，造福一方"。

求真务实要出实招

（二〇〇四年二月三日）

我们学习胡锦涛同志在中央纪委第三次全会讲话中关于坚持求真务实的重要论述，关键是要理解求真务实的深刻内涵，就是求什么真、务什么实的问题——求客观实际之真，务执政为民之实；找准求真务实的主要途径，就是怎么求真、怎么务实的问题——深化理论武装求真谛，深入调查研究重实际；牢记求真务实的基本要求，就是如何做到求真、做到务实问题——狠抓工作落实动真格，加快浙江发展务实效；达到求真务实的根本目的，就是求真为了谁、务实为了谁的问题——高度关注民生系真情，坚持为民谋利出实招。要通过大力弘扬求真务实精神，大兴求真务实之风，全面抓好今年各项工作的贯彻落实。

要看GDP，但不能唯GDP

（二〇〇四年二月八日）

　　要科学制定干部政绩的考核评价指标，形成正确的用人导向和用人制度。各地的实际情况不同，衡量政绩的要求和侧重点也应有所不同。要看 GDP，但不能唯GDP。GDP 快速增长是政绩，生态保护和建设也是政绩；经济社会发展是政绩，维护社会稳定也是政绩；立竿见影的发展是政绩，打基础作铺垫也是政绩；解决经济发展中的问题是政绩，解决民生问题也是政绩。总之，我们要从坚持立党为公、执政为民的高度来考评干部的政绩，坚持抓好发展与关注民生的结合、对上负责与对下负责的结合、立足当前与着眼长远的结合，科学设定考核政绩的内容和程序，完善考评体系和方法。坚持按客观规律办事，重实际、鼓实劲、求实效，不图虚名，不务虚功，不提脱离实际的高指标，不喊哗众取宠的空口号，不搞劳民伤财的假政绩，扎扎实实地把各项工作落到实处。

形势越好，越要求真务实

（二〇〇四年二月二十三日）

求真务实，是辩证唯物主义和历史唯物主义一以贯之的科学精神，是我们党的思想路线的核心内容，也是党的优良传统和共产党人应该具备的政治品格。什么时候求真务实坚持得好，党的组织和党员干部队伍就充满朝气和活力，党和人民的事业就能顺利发展；什么时候求真务实坚持得不好，党的组织和党员干部队伍就缺乏朝气和活力，党和人民的事业就受到挫折。一定要充分认识大力弘扬求真务实精神的极端重要性。要在看到国际形势总体对我们有利的同时，清醒地看到前进道路上存在的困难和挑战；在看到广大党员干部求真务实、真抓实干主流是好的同时，清醒地看到胡锦涛同志的重要讲话中指出的十个方面亟待解决的突出问题在我省不同程度的表现；在形势越是好、群众加快发展的积极性越是高的情况下，越要坚持求真务实，越要保持清醒头脑，越要坚持好的工作作风，扎扎实实地把我省改革开放和现代化建设推向前进。

抓而不实，等于白抓

（二〇〇四年二月二十六日）

今年是我省充分发挥"八个优势"、深入实施"八项举措"，扎实推进浙江全面、协调、可持续发展的狠抓落实年。必须把抓落实摆上重要位置，做到落实、落实、再落实。实践表明，抓而不紧，等于不抓；抓而不实，等于白抓。抓好落实，我们的事业就能充满生机；不抓落实，再好的蓝图也是空中楼阁。

能否做到狠抓落实，是否善于狠抓落实，这是衡量领导干部作风、能力、水平的重要标志。就浙江而言，今年抓落实，就是要紧紧围绕"八八战略"的重大决策和部署来进行。"八八战略"体现了全面、协调、可持续的科学发展观，得到了全省上下的一致认同。落实"八八战略"是加快浙江经济社会发展的客观要求，是广大人民群众的共同愿望，是我省今年和今后一个时期的战略任务。全省上下必须思想高度重视，必须摆上重要位置，必须结合实际贯彻，必须狠抓工作落实。对"八八战略"作出的总体规划和提出的各项任务，要一步一步地展开，一项一项地分解，一件一件地落实，一年一年地见效。

凡是为民造福的事一定要千方百计办好

（二〇〇四年二月二十七日）

立党为公、执政为民是"三个代表"重要思想的本质要求，也是衡量有没有真正学懂、是不是真心实践"三个代表"重要思想最重要的标志。坚持立党为公、执政为民，说到底，就在于求真务实，狠抓落实。必须把贯彻立党为公、执政为民的本质要求，作为一切工作的根本出发点和最终落脚点，使之落实到制定和实施各项方针政策的工作中去，落实到各级领导干部的思想和行动中去，落实到关心群众生产生活的工作中去。在任何时候任何情况下，都要始终坚持把最广大人民的根本利益放在首位，自觉用最广大人民的根本利益来检验自己的工作和政绩，做到凡是为民造福的事就一定要千方百计办好，凡是损害广大群众利益的事就坚决不办。

树政绩的根本目的是为人民谋利益

（二○○四年三月三日）

能否坚持求真务实，为人民群众真心诚意办实事，坚持不懈做好事，尽心竭力解难事，与领导干部的政绩观、发展观是否正确、是否科学有密切关系。

对领导干部来说，为一方经济社会发展，为一方百姓造福，应该有政绩，也必须追求政绩。共产党人的政绩，就是做得人心、暖人心、稳人心的事，就是解决群众最关心、最迫切需要解决的问题，就是全面建设小康社会，促进人的全面发展。树政绩的根本途径是将人民群众的眼前利益和长远利益结合起来，尊重客观规律，按客观规律办事，脚踏实地地工作；树政绩的根本目的是为人民谋利益。一个干部树政绩如果是为了给自己留名，替自己立碑，为自己邀官，这样的干部就根本做不到求真务实，根本不可能对群众负责，根本不可能专心致志抓落实。当然，政绩观与发展观紧密相关。科学的发展观引导正确的政绩观，正确的政绩观实践科学的发展观。一定要坚持以人为本，树立科学的发展观、正确的政绩观和群众观，努力在为民动真情、谋利出实招中，把"立党为公、执政为民"的本质要求落到实处。

成功之道在于锲而不舍

（二〇〇四年三月八日）

"八八战略"体现了继承和创新的结合。浙江目前的成就，不是一蹴而就的，是历届省委、省政府和广大干部群众长期工作积累的效应。十月怀胎，才能一朝分娩。我们要饮水思源，与时俱进，要像接力赛跑那样一棒一棒地接下去。树立正确的政绩观，其中很重要的一条，就是对那些实践证明行之有效的做法和决策，要一以贯之，决不能朝令夕改，因领导人的改变而改变，而要在前任的基础上添砖加瓦。这是一种政治品格，是正确政绩观的反映，也是代表最广大人民群众根本利益的需要。当然，形势在发展，"逝者如斯夫"。世界上的一切事物无时无刻都在发生变化。我们做工作要顺应变化，应时而变，应势而变，不断开拓创新。创新是"三个代表"的精髓，没有创新就不可能发展，不可能前进。

抢抓战略机遇期要有历史紧迫感

（二〇〇四年三月十八日）

战略机遇期由国际国内各种因素综合而成，是有利于经济社会发展的一个特定历史时期。能否把战略机遇期提供的可能性变为现实性，主要取决于人的主观能动性特别是宏观的战略决策。

新世纪头二十年，对我国来说，是经济社会发展的"加速期"和社会主义市场经济体制的"成熟期"。紧紧抓住和用好这一重要的战略机遇期，我们就可以在日益激烈的综合国力竞争中牢牢掌握主动权，从而实现中华民族的伟大复兴。

二十年的重要战略机遇期易失难得，稍纵即逝。不是错过了前五年还有后十五年，而是赶不上这个时间表，耽误了前五年就没有后十五年的机会和境遇，失之交臂，悔之晚矣。对新世纪头二十年的重要战略机遇期，我们一定要有一种强烈的历史紧迫感。只有抓得早、抓得紧、抓得实、用得好，才能抢占先机，赢得优势，扩大实施"八八战略"的各项成果，实现加快浙江全面建设小康社会、提前基本实现现代化的目标。

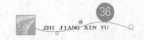

既要 GDP，又要绿色 GDP

（二〇〇四年三月十九日）

发展是我们党执政兴国的第一要务。我们已进入新的发展阶段，现在的发展不仅仅是为了解决温饱，而是为了加快全面建设小康社会、提前基本实现现代化；不能光追求速度，而应该追求速度、质量、效益的统一；不能盲目发展，污染环境，给后人留下沉重负担，而要按照统筹人与自然和谐发展的要求，做好人口、资源、环境工作。为此，我们既要 GDP，又要绿色 GDP。特别是浙江人多地少，如果走传统的经济发展的道路，环境的承载将不堪重负，经济的发展与人民群众生活质量的提高会适得其反。我们要牢固树立科学发展观，既着眼当前，更考虑长远，承担起积极推进全面、协调、可持续发展的重任。

小事小节是一面镜子

（二〇〇四年三月二十日）

　　于细微处见精神，于细微处也见品德。小事小节是一面镜子，能够反映人品，反映作风。小事小节中有党性，有原则，有人格。古人云："堤溃蚁穴，气泄针芒"，"巴豆虽小坏肠胃，酒杯不深淹死人"。这揭示了由量变到质变的深刻哲理，也是一些腐败分子带给我们的深刻教训。大多数腐败分子是从不注意小事小节逐步走到腐化堕落境地的。在推杯换盏中放松了警惕，在小恩小惠面前丢掉了原则，在轻歌曼舞中丧失了人格，这样的例子并不鲜见。小事当慎，小节当拘，确是对领导干部的金玉良言。每个领导干部都应慎独慎微，从小事小节上加强自身修养，从一点一滴中自觉完善自己，懂得是非明于学习、境界升于自省、名节源于修养、腐败止于正气的道理，始终保持共产党员的本色。浙江民营经济比较发达，各级领导干部一方面要支持民营企业发展，要亲商、富商、安商；另一方面，同企业家打交道一定要掌握分寸，公私分明，君子之交淡如水。千万不要在这个问题上摔跟头，这方面的教训太多了。所以，各级领导干部要注重加强自身修养，慎小事，拘小节，防微杜渐，两袖清风，筑牢思想道德和党纪国法两道防线。

顺利时更应防骄躁

（二〇〇四年三月二十二日）

胡锦涛同志最近告诫我们，越是形势好，越是群众加快发展的积极性高，越要坚持求真务实，保持清醒头脑，一步一个脚印地做好工作。对此我们要认真学习、深刻领会、付诸实践。

骄兵必败，骄和躁历来是革命工作的大敌。特别是发展顺利时，极易滋长骄傲自满的情绪，也是容易出错时。要清醒地认识到，浙江今天的好局面、好形势，是在中央领导下，历届省委、省政府带领全省人民共同奋斗的结果。随着我国经济社会的不断发展，各地创造的不少好经验值得我们认真学习借鉴，浙江的一些好做法也为兄弟省区市所吸收和运用，他们在许多方面超过了我们。所以，我们必须进一步强化忧患意识，戒骄戒躁，如临深渊，如履薄冰，毫不懈怠，只争朝夕，以勇攀高峰的闯劲、敢夺冠军的拼劲、争创一流的干劲，再创新的业绩和辉煌，奋力跑好这一段历史接力赛，真正无愧于组织的信任和人民的重托。

发展出题目，改革做文章

（二〇〇四年三月二十五日）

"人是要有一点精神的"。良好的精神状态，能极大地激发人的智慧和潜能，产生巨大的力量，从而克难制胜，成就事业。当前，改革正处攻坚时，发展又到关键期，稳定呈现新特点。针对我省用地更趋紧张、用电更为短缺等问题，以及改革和发展中遇到的各种困难，我们要以对党和人民的事业高度负责的政治责任感，善于把中央的要求与本地实际结合起来，解放思想，实事求是，与时俱进，创造性地开展工作。浙江改革开放二十多年走过的道路，就是一条在不断克服困难中前进的改革创新之路，就是一段"发展出题目，改革做文章"的历程。困难是压力，困难是挑战，困难中往往也蕴藏着机遇，克服困难也就意味着抓住了机遇，赢得了先机。各级领导干部要勇于迎难而上，破难而进，变压力为动力，化不利为有利；要敢于负责任、挑担子，不求全责备，不因噎废食，以捉虫护花的态度，多打气鼓劲，在实践中切实保护好、调动好、发挥好广大干部群众的积极性和创造性，努力营造宽松的发展环境，进一步增强浙江的发展活力。

努力具备符合时代要求的知识结构

（二〇〇四年三月二十九日）

当今时代，科学技术迅猛发展，各种知识层出不穷，迫切要求我们每个同志特别是领导干部加强学习，提高素质，努力具备符合时代要求的知识结构。党的十六大提出，要构建终身教育体系，"形成全民学习、终身学习的学习型社会，促进人的全面发展"。这是一个关系到中华民族能否持续发展、能否实现民族复兴大业的战略问题。

我们党自建党以来，始终把加强自身学习作为党员干部的一项重要任务。毛泽东同志提出了"改造我们的学习"的号召。邓小平同志说："学习是前进的基础。在不断出现的新问题面前，我们党总是要学，我们共产党人总是要学，我们中国人民总是要学。"在新的历史条件下，江泽民同志再三强调学习的重要性和紧迫性。以胡锦涛同志为总书记的中央领导集体身体力行，在加强学习上为全党树立了榜样。

面对我们的知识、能力、素质与时代要求还不相符合的严峻现实，我们一定要强化活到老、学到老的思想，主动来一场"学习的革命"，切实把外在的要求转化为内在的自觉，成为自己的一种兴趣、一种习惯、一种精神需要、一种生活方式。

人无压力轻飘飘

（二○○四年四月六日）

　　现在有些领导干部，说得头头是道，拍脑袋定决策，拍胸脯作保证，但在工作中往往作风漂浮，抓而不实，热衷于做表面文章。他们嘴上说过，会上讲过，就算工作干过了。人无压力轻飘飘，井无压力不喷油。松松垮垮是要出事的，安全生产事故频发就是例子。其实各种规章制度都有，关键是措施不落实，制度不到位。有些领导干部对下级只表扬不批评，做老好人，这对工作是有害的。我们提倡的是，不仅要表扬，还要敢于批评。考核也不能只考核优秀，还要评不合格的。不合格就是不合格，该一票否决的就一票否决，一定要旗帜鲜明，赏罚分明。当前全省开展机关效能建设，关键是要切实改进工作方式，转变工作作风。不要只会临渊羡鱼，而要退而结网；不要停留在一般号召，而要知实情、出实招、求实效；不要有头无尾或虎头蛇尾，而要持之以恒，坚持不懈。要围绕工作重点，细化工作目标，明确工作任务，落实工作举措，提高工作效能，不断推动各项工作上新台阶。

要跳出"三农"抓"三农"

（二〇〇四年四月九日）

"三农"问题不仅事关农民利益，而且事关全局发展，是全党工作的重中之重。近几年来，我省各级党委、政府高度重视"三农"工作，取得了积极的成效。但也要清醒地看到，"三农"工作依然面临严峻的挑战：提高农业效益、建设现代农业，面临农业生产经营方式落后和农产品流通方式落后的制约；改变农村面貌、建设现代农村，面临城市带动、辐射能力弱和投入结构不合理的制约；加快农民转移、提高农民收入，面临就业、社保、户籍、教育等城乡分割的体制制约。可以说，我省正处在解决"三农"问题的关键时期，就"三农"论"三农"，已经难以从根本上解决"三农"问题。我们只有跳出"三农"抓"三农"，用统筹城乡发展的思路和理念，才能切实打破农业增效、农民增收、农村发展的体制性制约，从根本上破解"三农"难题，进一步解放和发展农村生产力，加快农业农村现代化建设。也就是说，统筹城乡发展是解决"三农"问题的根本途径。

实现经济发展和生态建设双赢

（二〇〇四年四月十二日）

科学发展观是一个系统的理论，是当前必须认真贯彻的指导经济社会协调发展的重要思想。不树立和落实科学发展观，就不可能在今后的发展中走一条正确的道路。科学发展观，强调经济增长不等于经济发展，经济发展不单纯是速度的发展，经济的发展不代表着全面的发展，更不能以牺牲生态环境为代价。人无远虑，必有近忧。不和谐的发展，单一的发展，最终将遭到各方面的报复，如自然界的报复等。发展，说到底是为了社会的全面进步和人民生活水平的不断提高。抓生态省建设，是我省落实科学发展观的重要体现，就是要追求人与自然的和谐相处，就是要实现经济发展和生态建设的双赢。

从全局高度统筹城乡发展

（二〇〇四年四月十九日）

科学发展观的内涵极为丰富，涉及经济、政治、文化、社会发展各个领域，其根本要求是统筹兼顾，具体要求是"五个统筹"。统筹城乡发展居"五个统筹"之首，是科学发展观的重要内容和体现。近几年来，我省经济快速发展，生产总值年均增长百分之十三以上，城乡面貌发生深刻变化，城乡居民生活有较大改善。但我们也要清醒地看到，在城市建设突飞猛进、城乡居民收入快速增长的背后，隐藏着较大的城乡差距，农村教育、文化、卫生、体育等社会事业以及基础设施建设远远落后于城市，农民的收入水平、生活水平和质量与城市居民的差距还在扩大。如何扭转城乡差距扩大的趋势，打破城乡分割的体制和结构，把城乡发展作为一个整体，科学筹划、协调推进，形成以城带乡、以乡促城、城乡互动的发展格局，这是科学发展观的必然要求，也是我们贯彻落实坚持以人为本，树立全面、协调、可持续的发展观，促进经济社会和人的全面发展的具体行动。

要树立新的稳定观

（二〇〇四年四月二十日）

当前，由人民内部矛盾引发的群体性事件，已成为影响社会稳定的一个突出问题。针对这一新特点，我们要用联系的观点抓稳定，正确认识影响社会稳定的新情况、新特点，善于全面分析相互交织在一起的各种政治、经济、文化的因素，妥善把握工作展开的重点、步骤、时机与力度；用发展的观点抓稳定，努力做到在经济社会的动态发展中，不断破解发展对稳定提出的新课题，不断探索做好维护稳定工作的有效方法和手段，不断建立完善维护稳定的各项工作机制；用辩证的观点抓稳定，具体分析和区别对待各种不同性质的矛盾，敏于洞察矛盾，敢于正视矛盾，勤于分析矛盾，善于化解矛盾，最大限度地减少各类矛盾对社会稳定的影响。要建立健全党委、政府统一领导协调，各部门各负其责，齐抓共管的维护稳定工作机制，认真落实党政领导、职能部门、社会团体等在维护稳定中的责任，不断强化打击职能，充分发挥调节职能，依法履行管理职能，扎实推进维护稳定的各项工作。

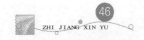

机遇总是垂青勇于竞争的人

（二○○四年五月一日）

　　市场竞争是一个动态过程，如果稍有懈怠，原有的先发优势就会削弱，已有的比较优势也会失去。随着市场经济体制改革不断深入和我国加入世贸组织后进一步扩大开放，全国各地特别是一些周边地区招商引资活动异常活跃，高招迭出；开拓国际市场力度不断加大，出口增速明显加快。我省在对外开放中能不能充分发挥好现有比较优势，就看我们的竞争意识强不强，看我们的工作力度大不大，看我们的工作做得实不实。机遇总是垂青勇于竞争的人。面对激烈的市场竞争，我们决不能有丝毫懈怠，不能满足于现状，一定要有谦虚的态度，树立不进则退、慢进也是退的竞争意识，清醒认识形势，顺应扩大开放的趋势，站在全局和战略的高度，正确把握时代发展的趋势，努力从国际国内形势的相互联系中把握发展方向，从国际国内条件的相互转化中用好发展机遇，从国际国内资源的优势互补中创造发展条件，从国际国内因素的综合作用中掌握发展全局，进一步增强工作主动性和创造性，在扩大对外开放上，花更大的力气，作更大的努力，牢牢把握发展的主动权，努力争创我省对外开放新优势。

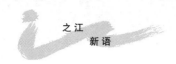
让生态文化在全社会扎根

（二〇〇四年五月八日）

推进生态省建设,既是经济增长方式的转变,更是思想观念的一场深刻变革。从这个意义上说,加强生态文化建设,在全社会确立起追求人与自然和谐相处的生态价值观,是生态省建设得以顺利推进的重要前提。生态文化的核心应该是一种行为准则、一种价值理念。我们衡量生态文化是否在全社会扎根,就是要看这种行为准则和价值理念是否自觉体现在社会生产生活的方方面面。如在产业发展中,是否认真制定和实施环境保护规划;在城市建设中,是否全面考虑建筑设计、建筑材料对城市生态环境的影响;在产品生产中,是否严格执行绿色环保和质量安全标准;在日常生活中,是否自觉注意环境卫生、善待地球上的所有生命等。对照这一要求,必须承认我们在许多方面还相距甚远,在现实生活中违法排污、违规建筑、乱砍乱伐、乱掘乱挖、乱捕滥杀等无视生态规律的行为还时有发生,究其深层原因是我们还缺乏深厚的生态文化。因此,进一步加强生态文化建设,使生态文化成为全社会的共同价值理念,需要我们长期不懈地努力。

生态省建设是一项长期战略任务

（二〇〇四年五月十一日）

近年来，我们在生态省建设方面做了大量工作，成效比较明显。但必须清醒看到，生态省建设是一项长期的战略任务。搞生态省建设，好比我们在治理一种社会生态病，这种病是一种综合征，病源很复杂，有的来自不合理的经济结构，有的来自传统的生产方式，有的来自不良的生活习惯等，其表现形式也多种多样，既有环境污染带来的"外伤"，又有生态系统被破坏造成的"神经性症状"，还有资源过度开发带来的"体力透支"。总之，它是一种疑难杂症，这种病一天两天不能治愈，一副两副药也不能治愈，它需要多管齐下，综合治理，长期努力，精心调养。

古人讲："知之非艰，行之唯难。"生态省建设是发展模式的转变，涉及经济社会发展各个方面，我们对生态省建设面临的困难和矛盾要有足够的估计，对生态省建设的长期性和艰巨性要有清醒的认识。只有认真分析生态省建设面临的严峻形势，做好打持久战的思想准备，才能面对困难不退缩，碰到矛盾不回避，真正沉下身子，痛下决心、真下决心，脚踏实地，埋头苦干，真正实现经济社会可持续发展。

要拎着"乌纱帽"为民干事

（二〇〇四年五月十二日）

我们的各级领导干部是人民的勤务员，我们的职权是人民赋予的，我们的责任就是向人民负责。所以，每一个领导干部都要拎着"乌纱帽"为民干事，而不能捂着"乌纱帽"为己做"官"。

拎着"乌纱帽"为民干事，就要把党和人民的事业放在第一位，把自己担任的领导职务看做是党和人民赋予的重托和责任，如履薄冰、如临深渊，兢兢业业、殚精竭虑，时刻把人民的安危和贫富挂在心上；随时准备为党的事业和人民的需要舍弃随着领导职务而来的个人权力、待遇和荣耀。捂着"乌纱帽"为己做"官"，就是一事当前先为自己打算，对权力、荣耀和利益津津乐道，而把党和人民的希望和重托放在次要位置上。无事时工作得过且过，一旦遇到事关群众利益和生命财产安全的重大事故，首先不是想着人民群众的冷暖安危，而是千方百计强调客观原因，推卸责任，保全自己。

现在与过去相比，领导干部的工作条件要好得多，权力也大得多，个人待遇也有很大提高。但权力不是一种荣耀，而是一副担子，意味着领导责任。它要求各级领导干部必须恪尽职守，勇于负责。特别是出了事要有严于责己和承担责任的勇气。我们的领导干部要时刻牢记：

党和人民把我们放在领导岗位上是为人民干事,而不是做"官"的;人的生命最为宝贵,群众利益高于一切,领导责任重于泰山。"乌纱帽"再大,也大不过人民的生命财产安全和群众的切身利益。

维护社会和谐稳定同样是政绩

（二〇〇四年五月十七日）

　　省委一直强调："富裕与安定是人民群众的根本利益，致富与治安是领导干部的政治责任。"推进经济发展是政绩，维护社会和谐稳定同样是政绩。

　　实践证明，只有社会和谐稳定，国家才能长治久安，人民才能安居乐业。人民群众企盼生活幸福，但幸福生活首先必须保证社会和谐稳定。深入实施"八八战略"，必须深化改革、促进发展；而无论是改革还是发展，都需要和谐稳定的社会环境来保证，没有和谐稳定的社会环境，改革不可能深化，发展更无从谈起。建设"平安浙江"，既是"八八战略"的深化、细化、具体化，又是深入实施"八八战略"的重要保证。如果不注重"社会更加和谐"，就不可能实现更高水平的全面小康，更谈不上实现现代化。所以，领导干部必须树立正确的政绩观，坚持"两手过硬"，学会"十指弹琴"，把建设平安社会、促进和谐稳定放在十分重要的位置，努力做好这方面工作，推动三个文明协调发展。

要"平安"，不要"平庸"

（二〇〇四年五月十九日）

要正确处理改革发展稳定的关系，既坚持稳定压倒一切的方针，又坚持发展这个第一要务，坚持改革开放的路线。改革是动力，发展是目的，稳定是前提，这是十分清楚的三者关系。正是从这三者关系出发，省委综合考虑经济、政治、文化诸多因素，从大的概念、大的范畴作出建设"平安浙江"的战略决策。发展始终是硬道理。不能以为我们现在强调"平安"，改革与发展就可以放松了；更不能以为在改革与发展的过程中出现了一些影响"平安"的问题，就因噎废食，不事改革，不抓发展，"不求有功，但求无过"，当"太平官"。这样不是"平安"而是"平庸"，这样既不能保百姓的"平安"，也不能保"官位"的"平安"。对干部改革与发展的积极性，要坚决予以保护；同时，对干部因工作不负责任造成严重后果的，要坚决予以追究。我们要的是经济、政治、文化和社会各方面都和谐稳定发展的"平安"，而不是无所作为的"平庸"。

面对面做好群众工作

（二〇〇四年五月二十四日）

领导干部在急难险重等关键时刻，应该冲在最前列；面对目前大量的群众信访问题，领导干部也应站在最前面，面对面地做好群众工作。

我省去年以来实行的领导下访制度，就是面对面做好群众工作的有效方法。通过领导干部下访接待群众，各地解决了一大批群众反映强烈的问题。变群众上访为领导下访，不是信访工作的唯一形式，也不是越俎代庖，取代基层工作，而是一种思想观念的转变，一种工作思路的创新，一种行之有效的机制，一种发扬民主、体察民情、联系群众的重要渠道。这有利于进一步畅通与基层群众交流沟通的渠道，有利于面对面地检查督促基层信访工作，有利于发现倾向性问题，深化规律性认识。提倡面对面做好群众工作，体现了立党为公、执政为民的本质要求，体现了我们党密切联系群众的优良传统和作风，体现了领导干部权为民所用、情为民所系、利为民所谋的具体实践，必须始终坚持下去。

领导干部要欢迎舆论监督

（二〇〇四年五月二十六日）

我们的权力是人民赋予的，领导干部作为人民的公仆，必须自觉接受监督。党的十六大提出，要把党内监督、法律监督、群众监督结合起来，发挥舆论监督的作用。各级领导干部都要欢迎舆论监督，主动接受舆论监督，通过运用舆论监督，改正缺点和错误，努力把工作做得更好。新闻舆论部门的同志要遵守新闻纪律，做到反映情况客观真实，鼓劲帮忙而不添乱。特别应注意不报假新闻，不炒作可能引发各类事件的所谓热点新闻。要不断改进新闻宣传工作，围绕中心抓好重大主题报道，提高舆论监督水平，改进重大突发事件报道，健全这方面报道工作的快速反应和应急协调机制，认真落实和完善新闻发布制度，牢牢掌握新闻信息传播的主动权。新闻舆论要唱响团结稳定鼓劲的主旋律，及时准确地传播党的声音，积极有效地做好释疑解惑工作，形成有利于促进社会和谐稳定的良好氛围。

办节要降温

（二〇〇四年五月二十八日）

　　这些年来，全省各地办节很热闹。总体上说办节有利于经济发展，但过多过滥则会适得其反。从我省实际情况看，办节要降温。有的节庆活动，在热热闹闹的歌舞晚会中开场，在各方来宾的迎来送往中结束，铺张浪费严重，既无很好的经济效益，又无明显的社会效益。对此，人民群众反映强烈，而且还造成一些安全隐患。全省各地都要严格控制办节。进一步加强重大节庆活动的申办管理和安全管理工作，坚持"谁主办、谁负责，谁审批、谁监管"的原则，加强领导，严密组织，落实节庆活动的安全责任和措施，确保万无一失。安全没有把握的，坚决停办，否则出了问题要严肃追究有关领导责任。

努力提高新闻质量和水平

（二〇〇四年六月十一日）

新闻媒体要坚持服务中心、服务大局，坚持贴近实际、贴近生活、贴近群众，坚持以正确的舆论引导人，充分发挥党的喉舌和舆论引导的作用。要把新闻报道摆上重要位置，在思想上高度重视，在工作中切实抓好。要保证新闻的播出时间，既做到准时播出，又要使一些在第一时间看不到的人能在第二时间补上。要认真执行改革新闻报道工作的各项规定，始终坚持以正面宣传为主，及时把党的声音传达给广大人民群众，充分反映我们党密切联系群众、关心群众疾苦的内容。要更多地采用群众喜闻乐见的形式，不断增强新闻宣传的生动性、可看性，努力提高新闻宣传的质量和水平。

要把困难当作机遇

（二〇〇四年六月十四日）

当前，在一些地方的领导干部中，存在着畏难情绪，感到宏观调控加强，要素供给紧张了，特别是严格执行领导责任追究制，工作压力越来越大了。在这种情况下，如何正确引导广大干部认清形势，统一思想，振奋精神，迎难而上，是一个十分重要的问题。

经过改革开放二十多年的发展，浙江经济社会发展正进入一个新的关键时期。要保持经济持续、快速、协调、健康发展，我们客观上面临着一些困难。面对困难，有两种态度，一种是只看到挑战的一面，看不到机遇，被困难吓倒，止步不前；另一种是既看到挑战，更看到机遇，勇敢地迎接挑战，化压力为动力，克难攻坚，奋勇向前。

在困难面前，各级领导干部不应该消极畏难，无所作为，更不能怨天尤人，而应该坚定信心，千方百计克服困难。要视困难为考验，把挑战当机遇，变被动为主动。困难是一道坎，是一道分水岭。就像鲤鱼跳龙门，跳过去就是一片新天地，进入一种新境界。当前挑战与机遇并存，但是，机遇始终大于挑战。我们要坚决贯彻中央宏观调控政策，把加强宏观调控作为调整结构、深化改革、转变增长方式的一个重要机遇，进一步苦练内功，大力推进科技进步，更加重视人才作用，坚持"走出去"战略，不断扩

大发展空间,最大限度地调动一切积极因素,坚定不移地
把中央的有关政策措施落实到位,努力促进浙江全面、协
调、可持续发展。

领导干部要有良好的精神状态

（二〇〇四年六月十六日）

　　良好的精神状态，是做好一切工作的重要前提。领导干部在工作顺利的时候，保持良好的精神状态并不难，难的是在面对众多矛盾和问题时、遇到困难和挫折时，能够始终保持昂扬向上、奋发有为的精神状态。

　　当前，经济发展中不同程度地遇到了土地、资金、电力等要素制约的矛盾困难，一些干部产生了畏难情绪，这对当前的发展，对党和人民的事业是有害的。在任何时候，做任何工作，都会有矛盾、有困难，解决矛盾和困难是对领导干部工作能力和水平的考验。沧海横流方显英雄本色。面对矛盾和困难，我们要有革命乐观主义的精神，要有大无畏的气概，要有克难攻坚的勇气，从战略上藐视矛盾和困难，在战术上重视矛盾和困难，千方百计化解矛盾，战胜困难，这才能显出领导干部的真本领、硬功夫。没有矛盾和困难，还要我们这些共产党的领导干部干什么？现在，要想顺顺当当当太平官是不可能的。当官就要为民办实事，干工作就是同矛盾和困难作斗争。不是仅仅不贪污，不腐败就可以了。如果面对困难垂头丧气，占着位置毫无作为，那还是一个不合格的领导干部。

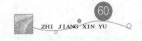

办法就在群众中

（二〇〇四年六月二十一日）

在困难面前，是束手无策、畏缩不前，还是克难攻坚、奋力前行？作为领导干部理所应当选择后者，应该千方百计采取切实可行的好措施、好办法，努力解决困难。好措施、好办法哪里来？答案是从群众中来。

群众的实践是最丰富最生动的实践，群众中蕴藏着巨大的智慧和力量。我们一定要认真贯彻党的群众路线，坚持从群众中来到群众中去，一切相信群众，一切依靠群众，一切为了群众。要解决矛盾和问题，就要深入基层，深入群众，拜群众为师，深入调查研究。省委作出的实施"八八战略"和建设"平安浙江"的决策部署，都是在深入调查研究的基础上形成的。调查研究多了，情况了然于胸，才能够找出解决问题、克服困难的办法，作出正确决策，推进工作落实，才能够不断增进与群众的感情，多干群众急需的事，多干群众受益的事，多干打基础的事，多干长远起作用的事，扎扎实实把改革开放和现代化建设推向前进。

要学会十指弹琴

（二〇〇四年六月二十三日）

唯物辩证法告诉我们，事物与事物之间都是彼此联系、不可分割的。我们在推进改革开放和现代化建设过程中，如果孤立地、片面地、简单地看问题，就会犯形而上学的错误。

中央提出树立和落实科学发展观，加强宏观调控，省委提出实施"八八战略"、建设"平安浙江"，这些都是为了促进改革开放和现代化建设事业更快更好地发展。现在一些同志思想方法、工作方法简单化，往往片面理解上级的精神，抓工作强调一面而忽视另一面，认为现在强调宏观调控、建设"平安浙江"，就可以放慢发展，这种认识是片面的，是不正确的。领导干部一定要学会全面辩证地看问题，在认识论上要有辩证统一的思想，在方法论上要学会统筹兼顾，在具体工作中要学会"十指弹琴"。我们强调发展不是不要稳定，强调稳定平安也不是忽视发展。我们要的是全面、协调、可持续的发展，加强宏观调控也是为了实现更好、更快、更健康的发展。

注意保护和调动基层干部积极性

（二〇〇四年六月二十五日）

　　广大基层干部工作在第一线，是推进党的路线方针政策贯彻落实的重要力量。他们面对的工作千头万绪，遇到的问题错综复杂，在当前经济社会发展遇到一些困难、基层工作难度和压力加大的情况下，保护好、调动好、发挥好基层干部的积极性，是加强基层干部队伍建设的一项重要内容，也是深入实施"八八战略"、建设"平安浙江"的客观要求。各级党委、政府和领导干部要深入了解广大基层干部的所思、所想、所盼，对他们的工作要多理解、多支持，对他们的生活要多关心、多帮助。特别是他们在工作中遇到困难和问题时，不要一味责怪，要多鼓劲打气，要加强指导，与他们一起分析原因，寻求解决问题的办法。要深入实际，抓住典型，解剖麻雀，举一反三，总结基层创造的好做法、好经验，不断完善提高，并予以推广。

成才必须先学做人

（二〇〇四年七月十九日）

"子不教，父之过。"家庭是未成年人接受思想道德教育的第一课堂，父母是孩子的第一任老师。家长们"望子成龙"、"望女成凤"，这是无可非议的，但孩子要成才，必须先学做人。人而无德，行之不远。没有良好的道德品质和思想修养，即使有丰富的知识、高深的学问，也难成大器。要引导家长改变重知轻德的倾向，在关心孩子学业成绩的同时，重视对孩子的思想品德教育，促进孩子全面发展。家长的言行举止在孩子眼中是无形的示范，应注意自身良好的品行修养，使孩子在健康向上、温馨和睦的家庭环境中成长成才。各级有关部门和学校要承担起指导家庭教育的责任，通过家长学校、家庭指导中心、家访等多种形式，引导家长树立正确的成才观，掌握科学的教育方法，善于与孩子沟通，尊重孩子的独立人格，学会鼓励孩子的方法。特别要关心单亲家庭、困难家庭、流动人口家庭的未成年子女教育，一视同仁地纳入各地学校教育，热情为他们提供指导和帮助，把所有孩子都培养成对社会有用之人。

认真实施关系亿万
家庭切身利益的民心工程

（二〇〇四年七月二十一日）

　　未成年人的健康成长，涉及亿万家庭的幸福，关系广大群众的根本利益。子女健康成长成才，是许多家长的最大心愿。当前未成年人思想道德建设面临许多新情况、新问题：市场经济发展中出现的消极方面，给未成年人健康成长带来一些负面影响；互联网、手机等新兴媒体中传播的一些腐朽落后文化和有害信息，对未成年人的成长产生不良作用；党风、政风和社会风气方面存在的一些消极腐败现象，以及假冒伪劣、欺诈偷盗、封建迷信和"黄、赌、毒"等丑恶现象，直接危害未成年人的身心健康；一些社会消极因素甚至诱发青少年违法犯罪。对此，为人父母者忧心忡忡，广大干部群众呼声强烈。所以，加强和改进未成年人思想道德建设，也是实践"三个代表"重要思想，坚持立党为公、执政为民本质要求的具体体现。我们一定要把这项民心工程办实，把这项德政工程抓好，以实实在在的成效，努力实现最广大人民群众的根本利益。

精神文明建设要"从娃娃抓起"

（二〇〇四年七月二十三日）

　　一个民族的文明进步，是在一代又一代人的传承和发展中形成的。未成年人的思想道德状况如何，直接关系到我们国家和民族未来的精神面貌。未成年人的工作，是事关未来的事业，是决定中华民族综合素质不断提高的基础工作。只有"从娃娃抓起"，才能奠定社会主义精神文明的坚实基础。

　　加强和改进未成年人思想道德建设，不是权宜之计，而是一项长期的艰巨的战略任务。我们要从培养未成年人的爱国情感、远大志向、文明习惯、良好素质等这些基本工作做起，真正把它作为精神文明建设的重中之重。现在有一个现象值得重视，就是童谣低俗化、成人化的现象比较突出。还有的乱改古诗，乱编"脱口秀"。儿童辨别是非的能力不强，抵抗诱惑的能力也很弱。童谣的健康与否关系着孩子的"精神空间"和"心理空间"，对孩子的成长影响深远。二十世纪六十年代出生的儿童是唱着《学习雷锋好榜样》、《让我们荡起双桨》长大的，深受革命传统教育和奉献精神的熏陶；七十年代出生的儿童是伴着《歌声与微笑》、《小螺号》的歌声成长的，尽显劳动的淳朴和追求幸福的信心；八十年代出生的儿童是在《丢手绢》、《小小少年》的陪伴下自由成长的，儿童无邪、灵活的天性发

挥得淋漓尽致。现今儿童的思想构成远比我们想象的要复杂得多，另一方面也说明现有的儿童文学作品、儿歌不能满足现今孩子们的思想发展需要，必须加大思想道德建设力度，努力为未成年人提供丰富多彩的精神文化产品。

对腐败多发领域要加强防范

（二〇〇四年七月二十六日）

　　这些年来，腐败问题在一些经济工作部门屡屡发生，对此我们要注重探索特点，寻求规律，切实加强腐败多发领域和重要部位、关键岗位的廉政工作，要进一步完善制度，强化监督，努力把反腐倡廉工作做得更扎实有效。

　　邓小平同志说："制度好可以使坏人无法任意横行，制度不好可以使好人无法充分做好事，甚至会走向反面。"党的建设的经验证明，加强党内监督和纪律建设，必须要有严格的制度规范。制度建设更带有根本性、稳定性和长期性，是党内监督工作和纪律建设持续深入健康发展的重要保证。我们要坚决贯彻执行《党内监督条例（试行）》和《党纪处分条例》的各项规定，从浙江实际出发，抓紧制定与两个《条例》相配套的具体制度，该强化的要强化，该修订的要修订，该废止的要废止，特别要盯住那些腐败问题的多发领域和重要部位，配好配强在关键岗位担负责任的领导干部，采取切实有效措施，通过狠抓防范制度和有关规定的落实，把反腐倡廉工作的关口前移，使党内监督和纪律处分的各项制度更为完善、更加健全、更具实效。

关口前移，惩防并举

（二〇〇四年七月二十七日）

通过加强监督和纪律教育，力求对一些干部的问题早发现、早提醒、早制止、早纠正，做到关口前移，未雨绸缪，防患于未然，这实际上是对干部关心爱护的最好体现。

坚持关口前移，着眼防范，强化纪律教育和事前监督，使领导干部不犯或少犯错误，这是颁发两个《条例》的本意所在。《党内监督条例（试行）》既明确了党员干部在监督方面可以充分行使的权利，也对他们作为被监督者必须履行的义务作了明确规定，有助于培养和增强广大党员的监督意识和纪律观念。《党纪处分条例》科学总结了我们党长期以来的实践经验，规定在处理违反党纪的党组织和党员时，实行惩戒与教育相结合，做到宽严相济，以体现"惩前毖后、治病救人"和重教育、重挽救的原则。我们要坚持标本兼治、综合治理，惩防并举、注重预防的总体反腐败工作思路，建立健全与社会主义市场经济体制相适应的教育、制度、监督并重的惩治和预防腐败体系的要求，充分彰显惩治腐败的警示作用。

努力把"不能为、不敢为、不想为"
的工作抓实做细

（二〇〇四年八月二日）

通过制约权力和惩治滥用权力行为来保证权力的正确运行，是监督和纪律的最主要功效。执纪监督的过程，就是规范行为的过程，就是纠偏补正的过程。《党内监督条例（试行）》侧重从加强事前、事中监督的角度，强化正面教育，预警在先，对领导干部的从政行为加以限制和规范，通过严格制度规范让其"不能为"。《党纪处分条例》则从事后查处的角度，加强反面教育，使党员领导干部充分认识到违法违纪的危害，通过强化警示作用使其"不敢为"。要深入推进这两个《条例》的学习教育，不断提高党员领导干部的思想境界、监督意识和纪律观念，通过增强自身"免疫力"促其"不想为"。总之，我们要不断强化"不能为"的制度建设、"不敢为"的惩戒警示和"不想为"的素质教育，努力把反腐倡廉的工作抓实做细。

莫把制度当"稻草人"摆设

（二〇〇四年八月六日）

各项制度制定了，就要立说立行、严格执行，不能说在嘴上，挂在墙上，写在纸上，把制度当"稻草人"摆设，而应落实到实际行动上，体现在具体工作中。

现在执行制度难，主要原因是一些干部当"老好人"，不愿得罪人，你好我好大家好，不讲原则讲人情，不讲党性讲关系，甚至批评也变成了变相的表扬。开展积极的批评与自我批评是事业的需要，是对干部的爱护，是党内政治生活的一种方式。批评的目的是促使当事人改正缺点和错误，其他同志引以为戒。如果批评不得，听不进不同意见，我们的事业还怎么进行？说到底，当"老好人"和批评不得，是个人私心杂念在作祟，这也是一种不正之风，是机关效能建设要努力解决的一个问题。我们要在狠抓制度的贯彻落实上下工夫，积极开展批评和自我批评，开展经常性的监督检查，严肃查处违反制度的人和事，充分发挥新闻媒体的监督作用，该曝光的要曝光，该通报的要通报，该惩处的要惩处，做到令行禁止、违者必究，努力使制度成为机关干部自觉遵守的行为准则。

在更大的空间内实现更大发展

（二〇〇四年八月十日）

目前，我省正处在进一步扩大开放的关键时期。浙江土地面积小、自然资源相对贫乏，要有效解决我省发展中的资源要素问题，在新一轮竞争中占据主动，不能仅仅局限在十万一千八百平方公里区域面积上做文章，必须跳出浙江发展浙江，在大力引进各种要素的同时打到省外去、国外去，利用外部资源、外部市场实现更大的发展。

有人提出一种"地瓜理论"，非常生动形象地描述了"跳出浙江发展浙江"的现象。地瓜的藤蔓向四面八方延伸，为的是汲取更多的阳光、雨露和养分，但它的块茎始终是在根基部，藤蔓的延伸扩张最终为的是块茎能长得更加粗壮硕大。同样，我们的企业走出去，主动接轨上海、主动参与西部大开发和东北地区等老工业基地改造，主动参与国际市场的竞争，在省外、国外建设我们的粮食基地、能源原材料基地和生产加工基地，并非资金外流、企业外迁，这是在更大的范围配置资源、在更大的空间实现更大发展的需要，是"跳出浙江发展浙江、立足全国发展浙江"的需要。对此我们一定要正确认识，积极推动，乐观其成。

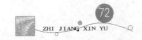

既看经济指标,又看社会人文环境指标

(二〇〇四年八月二十六日)

政绩观与发展观密切相连。有什么样的政绩观,就会有什么样的发展观,反之亦然。一段时间以来,一些干部在"发展"问题上产生了误区,把"发展是硬道理"片面地理解为"经济增长是硬道理",把经济发展简单化为GDP决定一切。在这种片面发展观的指导下,一些地方出现了以经济数据、经济指标论英雄的片面的政绩观,甚至搞"形象工程"、"政绩工程",结果给地方发展带来了包袱和隐患,并引发了诸多社会矛盾和问题。由此可见,在发展观上出现盲区,就会在政绩观上陷入误区;在政绩观上出现偏差,就会在发展观上偏离科学。这无论是发展观还是政绩观上的问题,都会削弱党的执政能力。今后衡量领导干部政绩,首先要坚持群众公认、注重实绩的原则,并以此作为考评干部的重要尺度。其次要完善考评内容,把发展思路是否对头,发展战略是否正确,能否处理好数量与质量、速度与效益的关系,作为考察领导干部是否树立了正确的政绩观的重要内容。在考核中,既看经济指标,又看社会指标、人文指标和环境指标,切实从单纯追求速度变为综合考核增长速度、就业水平、教育投入、环境质量等方面内容。

发展旅游经济要坚持创新与继承相统一

（二〇〇四年九月三十日）

　　加快发展旅游经济，建设旅游经济强省，必须坚持创新与继承相统一，在继承中创新，在创新中发展，不断求新、求变、求精，大力弘扬优秀的民族文化和民族精神。要敢于"无中生有"，充分利用当地的旅游资源，大胆开发旅游项目，但"无中生有"不是简陋低俗地建几座庙宇，塑几个菩萨，甚至宣扬封建糟粕，搞迷信活动；要善于"移花接木"，借鉴国内外现代旅游发展经验和做法，大胆吸收世界人类的文明成果，但"移花接木"不是盲目生搬硬套地模仿别人的旅游项目，开办几个娱乐场所，甚至传播资产阶级的腐朽文化；要注重"推陈出新"，传承历史优秀文化，赋予时代发展内涵，但"推陈出新"不是胡乱"拆旧建新"，建几条假古街，造几座仿古楼，甚至用假古董破坏真古董，毁掉珍贵的文物。要把历史文化与现代文明融入旅游经济发展之中，使旅游成为宣传灿烂文明和现代化建设成就的窗口，成为传播科学知识和先进文化的重要阵地。

重视打造旅游精品

（二〇〇四年十月八日）

随着经济发展和人民群众生活水平不断提高，以观光为主的旅游已不能满足人们的需求。"求新、求奇、求知、求乐"的旅游愿望，要求我们不断推出更多更好的旅游产品。要以我省优秀自然资源和人文资源为主干，突出"诗画江南，山水浙江"主题，精心打造出更多体现浙江文化内涵、人文精神的特色旅游精品，打响文化旅游、休闲旅游、商贸旅游、生态旅游、海洋旅游五张品牌。加快申报世界自然与文化遗产、世界地质公园等工作的步伐，培育世界级品牌的旅游产品。努力建设一批有规模、有品位、有特色，在海内外有较高知名度的旅游景区景点，继续办好一批重大会展节庆活动，扩大国内外的影响。大力开展工业旅游、农业旅游、商务旅游、休闲旅游、名人旅游、红色旅游等一批特色旅游，积极拓展旅游新领域。推出一批附加值高、工艺精致、携带方便、有地方特色的旅游商品，努力为国内外游客提供丰富多彩的旅游新品、名品和精品，不断提高我省旅游知名度，增强旅游市场吸引力。

发展"无烟工业"也要可持续发展

（二〇〇四年十月九日）

　　旅游经济被称为"无烟工业"，与环境保护冲突小，但并不意味没有矛盾。这些年来一些地方由于无序开发、盲目发展，造成对自然资源和生态环境损害的现象也时有发生。生态资源、风景名胜、文物古迹都是不可再生的资源，生态资源遭到破坏，人类生存环境就会恶化；风景名胜受到破坏，观赏价值就大打折扣；文物古迹遇到破坏，人文价值就荡然无存。生态资源和人文资源是发展旅游的基础，一旦破坏，旅游经济也成了无源之水、无本之木。我省历史文化悠久，人文资源荟萃，优美的山水风光和深厚的文化底蕴，使我省发展旅游经济具有得天独厚的优势。发展旅游经济要坚持开发与保护并重，开发是发展的客观要求，保护是开发的重要前提。只有科学合理的开发，才能促进旅游经济的快速发展。只有积极有效的保护，才能保证旅游经济的健康发展。我们要按照"严格保护、合理开发、持续利用"的原则，把我省丰富的生态资源和人文资源开发利用好，更要保护好，走资源节约、生态平衡、集约发展的道路，保证我省旅游经济可持续发展。

领导下访是一举多得的有益创举

（二〇〇四年十月十一日）

领导下访接待群众，是深入贯彻"立党为公、执政为民"本质要求，认真解决事关群众切身利益的信访问题的生动实践，是按照中央的统一部署，集中处理信访突出问题及群体性事件的具体体现，是从源头上化解各类矛盾，促进社会和谐稳定的有力举措。我省实行领导干部下访制度一年来的实践证明，下访不仅有利于检查指导基层工作，还有利于促进基层工作的开展与落实；不仅有利于为群众解决实际问题，还有利于培养干部执政为民的思想作风；不仅有利于及时处理群众反映的突出问题，还有利于密切党群干群关系；不仅有利于向群众宣传党的路线方针政策，还有利于培养干部把握全局、推进改革发展的能力。这是一项一举多得的有益创举。我们要进一步加强对这项工作的探索研究，不断深化这项工作，切实把这件事关群众切身利益和社会和谐稳定的大事做实、做细、做好。

基层干部要把好信访第一道岗

（二〇〇四年十月十三日）

变群众上访为领导主动下访，是我们党的优良传统和作风，是每个领导干部应尽的责任和义务。各级领导干部，都是人民的勤务员。我们的责任，就是向人民负责，为群众解难。既然群众有信访诉求，我们就应该千方百计去排忧，扑下身子去解决，切实履行"权为民所用、情为民所系、利为民所谋"的庄严承诺。解决信访问题应该分级负责，严格落实责任制。基层是群众信访的源头，又是解决信访反映问题的关键。基层工作千头万绪，广大基层干部长期处于一线工作，为人民群众解决了大量的实际问题。在信访工作中，基层干部应该把好第一道岗。现在有一些基层干部，或是思想方法不当，或是掌握政策不够，或是工作本领不强，或是自身作风不正，不能及时有效地解决有些群众的来信来访问题。这就迫切需要各级领导机关和领导干部身入心入，亲自讲政策、教方法，作示范、抓督查，以自身的传帮带，来指导基层工作，推进责任落实，带领基层干部共同处理群众反映的突出问题，促使把这些问题解决在基层，化解在萌芽状态。

领导下访必须注重实效

（二〇〇四年十月十五日）

信访工作直接关系群众切身利益，必须坚持求真务实的作风，坚决杜绝作风漂浮、工作不实的现象。从省有关部门进行督查的情况看，各地还有少部分信访件没有办结，群众的满意率还不是很高，其中一个重要原因是责任单位调处工作不到位。因此，深化领导下访，必须注重实效，着力在解决问题、提高接访质量上下工夫。对领导下访接待的信访件，要加大交办督办力度，加大协调力度，加大包案化解力度，对其中一些涉及成批性的信访问题，有关部门要及时调查研究，提出治本之策，努力在切实解决问题上下工夫，在真正化解矛盾上做文章。

领导下访的方式方法要不断深化

（二〇〇四年十月十八日）

　　要把领导下访，与常年接访、定期约访有机结合起来，把敞开式下访与专题约访或调研有机结合起来。除了领导下访中事先公告、敞开接待等形式外，也可选择一些涉及全省性的问题进行约访或调研，然后出台政策，或在调研论证的基础上，对不完善的政策进行修改调整，推动成批性问题的解决，以减少群体性上访问题；也可就一些当地解决不了的跨地区、跨部门的信访案件进行协调；也可以分类指导，根据当地情况选出一两个热点、难点问题，进行约访。不管采取哪种形式，都要根据当地实际情况而定，目的是要提高接访的效果，让群众满意。

越是领导干部，越要廉洁自律

（二〇〇四年十月二十一日）

保证各级领导干部清正廉洁，是推进党风廉政建设的首要任务，也是加强党的执政能力建设的重要内容。党的各级领导机关和领导干部都掌握着一定的权力，把各级领导班子和领导干部队伍建设好，保证人民赋予的权力真正用来为人民服务，始终是我们党执政所面临的一个重大课题。各级领导干部要牢固树立马克思主义的世界观、人生观、价值观和正确的权力观、地位观、利益观，按照中央和省委廉洁从政的各项规定和纪律要求，增强自律意识，实行自我约束，正确行使权力，自觉做到清正廉洁、勤政为民、克己奉公。各级党组织要切实加强对权力运行的监督制约，把领导干部管住管好，特别是对各级领导班子的主要负责人更要严格要求、严格管理、严格监督。现在，有的干部职务升了，权力大了，对自己的要求却放松了。如果自己不警惕，组织上又不及时教育和监督，就很容易出问题，甚至出大问题。因此，越是领导机关，越是领导干部，越是主要领导，越要廉洁自律，加强监督，以身作则，当好表率。

靠劳动创造财富，让知识成为力量

（二〇〇四年十月二十六日）

加强党的执政能力建设，一个重要的方面就是要不断增强党的阶级基础，扩大党的群众基础，提高党的社会影响力。全省各级党委、政府都要从加强党的执政能力建设、巩固党的执政地位的高度，始终坚持全心全意依靠工人阶级的方针，有效动员和组织广大职工群众紧密团结在党的周围，大力激发各行各业人们的创造活力，使一切有利于社会进步的创造愿望得到尊重、创造活动得到支持、创造才能得到发挥、创造成果得到肯定。工会是党领导的工人阶级群众组织，是党联系职工群众的桥梁和纽带。各级党委、政府要高度重视工会工作，为工会履行职责不断创造有利条件，通过各级工会进一步团结广大职工群众，更好地完成党和政府提出的各项任务。全省工人阶级和广大劳动群众要充分认识肩负的光荣使命，把思想认识统一到中央和省委的决策部署上来，立足本职、学赶先进、再接再厉、争创一流，充分发挥现代化建设主力军的作用，靠劳动创造财富，让知识成为力量，努力在正确处理改革、发展和稳定的关系中不断创造新的业绩，在推进社会主义"三个文明"协调发展中不断创造新的业绩，在推进浙江改革开放和现代化建设中不断创造新的业绩。

思想认识上的收获更有长远意义

（二〇〇四年十一月十日）

磨刀不误砍柴工，思想是行动的先导。在思想认识上的收获，比我们在发展上的收获更有长远意义。

一段时间以来，我们在树立和落实科学发展观问题上，做了大量的统一思想的工作。但统一思想是个不断深化的过程，必须贯穿于实际工作之中。有的同志对落实科学发展观和贯彻中央宏观调控政策，在态度上是积极的，但一遇到具体问题就容易产生偏差，把科学发展观与宏观调控割裂开来，甚至对立起来。事实上，宏观调控是落实科学发展观的具体实践，宏观调控把滥用土地的闸门关住，把过热的投资降下来，把低水平重复建设的项目清理掉，正是落实科学发展观的要求。

当然，任何一项工作的推进都有一个磨合的过程，也需要付出一定的代价。现在我省各级党政领导在这方面的认识是统一的。我们要继续花力气、下工夫，认真做好广大基层干部群众统一思想的工作，使全省上下不断提高思想上的坚定性、行动上的自觉性和工作上的创造性。

执政意识和执政素质至关重要

（二○○四年十一月十五日）

党的干部是党的执政能力建设的主体，党的干部的执政意识和执政素质至关重要，其外在表现出来的能力和作风同样至关重要。

各级党的领导干部要不断增强党的意识和为民执政意识，无论在哪个方面、哪个部门、哪个地方工作的党员干部，首先要明白自己的第一身份是共产党员，第一职责是为党工作，第一目标是为民谋利，始终把党和人民放在首位，不断提高自身的能力和本领，切实为人民执好政、掌好权。

各级领导干部要认真思考在加强党的执政能力建设中自己该怎么办，切实增强执政的忧患意识，切实在领导工作实践中提高自己的执政本领，切实树立良好的执政作风，像领导干部的好榜样焦裕禄、孔繁森、郑培民等英模人物那样，做一个亲民爱民的公仆，做一个忠诚正直的党员，做一个靠得住、有本事、过得硬、不变质的领导干部。

吃透精神而不照抄照搬

（二〇〇四年十一月二十二日）

坚决、认真、不折不扣地贯彻落实中央的精神，是我们党的组织原则和政治纪律的明确要求。在这方面，我们必须顾全大局，决不能阳奉阴违，另搞一套。

同时，由于各地情况千差万别，贯彻中央的精神必须紧密结合实际，吃透精神而不照抄照搬，"不唯上，不唯书，只唯实"，做到深化细化具体化，这才是真正与中央保持高度一致的具体体现。

我们必须把中央的精神同浙江的实际紧密结合起来，创造性地开展工作。要注重在吃透上情、把握省情、熟悉下情、了解外情基础上，坚持上下结合、融会贯通、开拓创新，适时提出符合中央精神、切合我省实际的发展思路和决策部署。只有这样，才能以与时俱进、求真务实的精神，促进我省经济社会的全面协调可持续发展，把我省改革发展稳定的各项工作做得更好。

立足当前，着眼长远

（二〇〇四年十一月二十四日）

　　科学发展观丰富了马克思主义关于发展的理论，深刻揭示并凝聚了统筹兼顾的辩证法，是指导各项事业发展的根本指南。

　　我们做一切工作，都必须统筹兼顾，处理好当前与长远的关系。我们强调求实效、谋长远，求的不仅是一时之效，更有意义的是求得长远之效。当前有成效、长远可持续的事要放胆去做，当前不见效、长远打基础的事也要努力去做。千万不要"空前绝后"，出现"前任的政绩，后任的包袱"，甚至犯下不可补救的过失，造成不可挽回的损失。

要甘于做铺垫之事

（二○○四年十一月二十六日）

领导干部要以正确的政绩观为指导，抓好各项工作。"功成不必在我"，要甘于做铺垫性的工作，甘于抓未成之事。

不是自己开头的不为，一定要刻上自己的政绩印记才干，这不是共产党领导干部的风格。在大局面前，在党和人民的利益面前，我们不能斤斤计较，患得患失。红旗渠、三北防护林等大工程，都是几代人一以贯之而成的。如果有个人的私心杂念，政策朝令夕改，是完成不了的。只有像接力赛一样，一任接着一任干，才能做成大事。

落实才能出成绩

（二〇〇四年十一月二十九日）

正确的战略需要正确的战术来落实和执行，落实才能出成绩，执行才能见成效。做任何一项工作，我们不能浅尝辄止、虎头蛇尾，而要真抓实干，善作善成。抓而不成，不如不抓。

无论是贯彻上级的决策，还是抓好本级的部署，都要做到既抓部署、又抓落实，在部署中出实招，在落实中求实效。在抓落实的问题上，我们必须根据经济社会发展中的主要矛盾和矛盾的主要方面，分清轻重缓急，突出工作重点，抓住关键环节，明确主攻方向。必须发扬求真务实的作风，注意把阶段性工作与长期性目标结合起来，一件一件抓落实，一年一年抓成效，不断积小胜为大胜。

在土地问题上要长期从紧过日子

（二〇〇四年十二月三日）

土地要素制约是我省一个硬制约，不管宏观调控力度强弱与否，都可以很明确地讲，过去那种放开手脚用地的日子已经一去不复返了。对此，不要抱任何幻想，不要以为"躲得了初一，十五就好过了"，要长期从紧过日子。因为事实明摆着，我们浙江就这么一点地。

我们的干部在工作中允许犯错误，但绝不能犯不可挽回的错误。在土地问题上犯错误，就会犯下不可挽回的错误——对这一点，各级干部认识上要十分明确。

国家将推行符合我国国情、严格科学有效的土地管理制度。推行这个新制度后，用地问题一者解禁，二者严管。在这样的情况下，我们必须首先盘活土地存量，严格控制用地增量，通过控制增量来逼存量，大力促进土地集约利用。

基层干部的分量

（二〇〇四年十二月六日）

　　基层干部离群众最近，群众看我们党，首先看基层干部。这反映出基层干部在群众心目中的分量，反映出基层干部队伍建设在整个党的建设中的分量。

　　各级党委、政府要把基层干部队伍建设作为党的执政能力建设的一大着力点，真正重视、真情关怀、真心爱护广大基层干部。对基层干部工作中出现的困难，要设身处地地加以理解，满腔热情地给予支持和帮助，特别要敢于为基层干部担责任。对基层干部中的好人好事，要多发现、多宣传。同时，对基层干部中存在的问题，我们要高度重视，既要加强教育引导，又要强化监督管理，决不能姑息损害群众利益的事，决不能让一些害群之马损害基层干部的良好形象。

处理好三对时间关系

（二〇〇四年十二月八日）

抓好任何一项工作，都要处理好三对关系：一要善作善成，处理好部署与落实的关系；二要再接再厉，处理好坚持与深化的关系；三要统筹兼顾，处理好当前与长远的关系。

这三对关系，从时间的传递来说，第一对关系是要处理好昨天与今天的关系，昨天有部署，今天要抓落实；第二对关系是要处理好昨天、今天、明天三者的关系，昨天的要坚持下去，今天的要有所深化，明天的要取得更大成效；第三对关系是处理好今天与明天的关系，今天的一切都必须顾及明天，明天的发展要建立在今天的基础上。

这样一个时间关系看似简单，但真正处理好并不容易；这个关系处理好了，对于更好地理解、树立和落实科学发展观是极有意义的。

做长欠发达地区这块"短板"

(二○○四年十二月十日)

我省在加快全面建设小康社会、提前基本实现现代化的进程中,一个比较突出的问题就是区域之间的差距还比较大。

必须看到,没有欠发达地区的小康,就没有全省的全面小康;没有欠发达地区的现代化,就没有全省的现代化。这好比经济学中的"木桶理论",一只木桶的装水容量不是取决于这只木桶中最长的那块板,而是取决于最短的那块板。也就是说,我省能否实现全面建设小康社会、提前基本实现现代化的目标,在很大程度上取决于能否缩小区域之间的差距。这既需要发达地区加快发展,更需要欠发达地区跨越式发展。发达地区要发挥自身优势,尽力帮助欠发达地区加快发展;欠发达地区自身要转变观念、创新体制、改善环境、不懈努力。推进"山海协作工程",就是要通过发达地区和欠发达地区全方位的合作,有的放矢地加大工作力度,做长欠发达地区这块"短板",使全省各个地区的人民共享经济社会发展成果。

发展观决定发展道路

（二〇〇四年十二月十六日）

发展观决定发展道路。实施"山海协作工程"，首先要站在统筹区域发展的高度，解决欠发达地区发展道路的选择问题。

长期以来，我省发达地区走的是一条传统工业化道路，经济发展模式以资源消耗型为主，这种发展模式最大的弊端是对自然资源的过度消耗，造成对生态环境的破坏。随着资源要素的制约和环境压力的日益加大，这种粗放型的发展模式已经难以为继。在这种背景下，我们搞"山海协作工程"，不能简单地推动欠发达地区去复制发达地区走过的传统工业化道路，必须按照科学发展观的要求，把合作重点放在优化产业结构和促进经济增长方式转变上，放在推动体制创新、技术创新和管理创新上，放在提高劳动力的素质上，放在资源集约利用和改善生态环境质量上，通过实实在在的项目、技术、管理、资金等方面的合作和支持，推动欠发达地区以最小的资源环境代价谋求经济、社会最大限度的发展，以最小的社会、经济成本保护资源和环境，走上一条科技先导型、资源节约型、生态保护型的经济发展之路。

推动我省经济布局不断优化

（二〇〇四年十二月二十四日）

　　统筹区域发展的一个重要方面，是推进区域经济的优化布局。近几年来，省委、省政府为优化我省经济布局，进一步明确了区域发展战略，即增强杭甬温三大中心城市的集聚效应和辐射功能，加快环杭州湾产业带和温台沿海产业带的要素集聚，优化金衢丽地区生产力布局，加大山区和海洋综合开发力度，并突出强调浙西南地区要重点发展生态农业、生态工业和生态旅游等特色产业，舟山等海岛地区要重点发展海洋产业。

　　推进"山海协作工程"，必须着眼于全省经济布局，服从于这一区域发展战略，坚持有所为有所不为。要根据欠发达地区现有的基础条件和发展要求，综合运用"加减乘除法"——加法，即加快经济发展，扩大经济总量；减法，即减少资源消耗、生态破坏和污染排放；乘法，即推动技术进步和提高劳动力素质；除法，即促进人口向城市集聚和对外转移。统筹安排合作项目，重点向生态产业和现代服务业倾斜，向城市和基础设施建设领域倾斜，向科技、教育、文化、卫生等社会事业倾斜，向劳务有序对外流动项目倾斜，限制资源高消耗、污染物高排放的工业企业向欠发达地区扩散，推动我省经济布局的不断优化。

物质文明与精神文明要协调发展

（二〇〇四年十二月二十七日）

树立和落实科学发展观，必须推动物质文明与精神文明协调发展。物质文明的发展会对精神文明的发展提出更高的要求，同时精神文明的发展又会成为物质文明建设的动力，尤其是经济的多元化会带来文化生活的多样化，只有把精神文明建设好，才能满足人民群众多样化的精神文化生活需求。更进一步来说，要认清物质文明建设和精神文明建设的最终目的是什么，GDP、财政收入、居民收入等等是一些重要指标，但都不是最终目的，其最终目的就是要促进人的全面发展，包括改善人们的物质生活、丰富人们的精神生活、提高人们的生活质量、提高人们的思想道德素质和科学文化素质等等。

虚功一定要实做

（二〇〇四年十二月三十日）

虚与实是相比较而言的。比较之下，在两个文明建设中，物质文明建设实一点，精神文明建设虚一点；在提高人们素质的工作上，科学文化素质方面要实一点，思想道德素质方面要虚一点。实的比较好把握，虚的相对难以把握。有些同志在工作中往往喜欢抓实的，不喜欢抓虚的。虚与实的工作，好比人体的大脑和心脏，你说哪个重要，哪个不重要；哪个需要，哪个不需要？大脑和心脏都重要、都需要，缺一不可。所以，干工作必须虚实结合，尤其是虚功一定要实做。精神文明建设特别是思想道德建设一定要通过看得见、摸得着的方式，创造实实在在的载体，寓教于乐，入耳入脑，深入人心，潜移默化。道理要说清楚讲明白，但任何道理要深入人心，都不能光靠说教，要有一个好的载体，通过积极探索和创造更多更加贴近实际、贴近群众、贴近生活的有效载体，使精神文明建设活动开展得有声有色、富有实效。

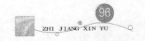

抓与不抓大不相同

（二〇〇五年一月四日）

　　针对当前社会转型过程中一些问题和矛盾比较突出的现状，我省广泛开展以"加强思想道德建设、加强文化阵地建设，整治文化市场、整治社会风气"为主题的"双建设、双整治"活动，取得了阶段性的明显成效。实践证明这项活动深受基层欢迎，是推进城乡精神文明建设的有效工作载体。这也从一个侧面告诉我们，任何工作抓与不抓大不一样。事物的发展都如逆水行舟，不去推它，它就会倒退；任何一项工作，都是机遇与挑战并存，不抓机遇，抓不住机遇，剩下的就只有挑战了；任何一个阵地，我们不去占领，敌对势力、错误思潮和一些负面的东西就会乘虚而入。我们抓思想文化阵地建设就是一个雄辩的佐证，光是打击，总有漏网的；只有让正面的东西去占领了，才能让负面的东西失去生存的土壤。

压力与动力是可以相互转化的

（二〇〇五年一月五日）

对一些地方来说，开展"双建设、双整治"活动，也是一个压力转化为动力的过程。在压力之下，可以把"坏事"转化为"好事"；没有这个压力，说不定"好事"就没有这么好。

正如大家所说的："千困难万困难，真抓实干就不难。"推而广之，现在对照科学发展观的要求，在宏观调控之下，我们在一些方面面临的压力也很大。在这种情况下，如果滋生"骄""娇"两气，受不得一点压力，一些老的办法不能用，新的办法不去想，那么发展也就难以为继，那面对的就是"山重水复疑无路"；如果把压力转化为动力，促进发展理念的转变、增长方式的转变、政府职能的转变，那么发展就能走出一条新路，就能迎来"柳暗花明又一村"。还有，现在基层干部的压力比较大，这也要辩证地看，如果在压力面前怨天尤人，自暴自弃，最终将一事无成；如果在压力下奋发有为，做出成绩，那就能得到组织的认可、群众的拥护。

努力打造"品牌大省"

（二○○五年一月七日）

　　品牌是一个企业技术能力、管理水平和文化层次乃至整体素质的综合体现。从一定意义上说，品牌就是效益，就是竞争力，就是附加值。关于品牌战略的重要性，邓小平同志早在一九九二年就讲过："我们应该有自己的拳头产品，创造出自己的世界品牌，否则就要受人欺负。"世界上许多知名企业也往往把品牌发展作为企业开拓市场的优先战略。这些年来，我们在创品牌方面已经取得了很大的成绩，目前全省有四十五个中国驰名商标，列全国第一；八十三个中国名牌产品，列全国第二。我们要坚定不移地走品牌发展之路，引导企业确立品牌意识，培育品牌、提升品牌、经营品牌、延伸品牌，做到无牌贴牌变有牌，有牌变名牌，培育更多的中国驰名商标和名牌产品，努力创造若干世界名牌，努力打造"品牌大省"。

务必执政为民重"三农"

（二〇〇五年一月十日）

　　立党为公、执政为民是党的根本宗旨，农民占人口的绝大多数是中国的基本国情，工农联盟是党执政的政治基础，农业是安天下、稳民心的战略产业，"三农"问题始终与我们党和国家的事业休戚相关。

　　目前，我国人均生产总值已超过一千美元，我省已接近三千美元，工业化、城市化呈进一步加速的趋势，这既是一个有利于"三农"问题根本解决的战略机遇期，也是一个容易忽视"三农"利益、导致各种矛盾凸显的社会敏感期。在这一特殊时期，是否高度重视"三农"问题，能否有效解决"三农"问题，显得尤为重要。党中央审时度势，明确提出"两个趋向"的重要论断，告诫我们在新的发展阶段必须把解决好"三农"问题放到全党工作重中之重的位置，把提高解决"三农"问题的能力作为加强党的执政能力建设的一项重要内容。我们强调务必执政为民重"三农"，就是要牢固确立"三农"问题是中国根本问题的思想，始终把解决好"三农"问题作为全党工作的重中之重，在任何时候都不动摇；就是要从执政兴国的战略高度，充分发挥农民群众在"三农"发展中的主体作用和党委、政府的主导作用，不断增强解决"三农"问题的本领；就是要坚持党政主要领导亲自抓"三农"工作，自觉地把

"重中之重"的要求落实到领导决策、战略规划、财政投入、工作部署和政绩考核上来,形成全社会支持农业、关爱农民、服务农村的强大合力和良好氛围。

务必以人为本谋"三农"

（二〇〇五年一月十一日）

科学发展观的核心是确立以人为本的理念和统筹兼顾的思想，按照"五个统筹"的要求，正确处理加快发展与改善民生的关系，确保经济社会的全面协调可持续发展。只有用科学发展观统一我们的思想和行动，把科学发展观贯彻落实到经济社会发展全局和"三农"工作的具体实践中去，才能确保"三农"问题的根本解决。

要全面理解以人为本谋"三农"的深刻含义，在宏观调控中着力增强农业基础地位，千方百计提高农业综合生产能力，促进农业增效、农民增收、农村发展，使农业成为能使农民致富的产业，使农民不但成为农业和农村现代化的主力军，而且成为工业化、城市化的积极参与者和成果享受者，使农村成为能使农民安居乐业的新社区。我们强调务必以人为本谋"三农"，就是要以科学发展观统领"三农"工作，把我们党一切为了群众、一切依靠群众的工作路线贯穿于"三农"工作的各个方面；就是要明确"三农"问题的核心是农民问题，农民问题的核心是增进利益和保障权益问题；就是要把切实提高农民素质、实现人的全面发展，作为"三农"工作的根本出发点和落脚点，实现好、维护好、发展好农民的物质利益和民主权利，不断增强农民群众的自我发展能力。

务必统筹城乡兴"三农"

（二〇〇五年一月十二日）

　　农业与二、三产业、城市与农村存在着非常紧密的依存关系。工农关系、城乡关系始终是现代化建设进程中必须处理好而又容易出偏差的一个具有全局意义的问题。正确处理城乡关系、工农关系，实现一、二、三产业协调发展和城乡共同进步，是构建现代和谐社会的重要基础，是现代化进程中最重要、最棘手的一大难题，也是关系"三农"发展能否取得成效的重大问题。

　　工业化、城市化、市场化，是推动"三农"发展和现代化建设的强大动力，农业劳动生产率和综合生产能力的不断提高，是工业化、城市化水平不断提升的必要条件。只有农村人口和农村劳动力不断有序转入城市与二、三产业，工业和城市的发展才会有持续的动力，才会充满生机活力。把握好"两个趋向"重要论断，务必正确处理"三化"与"三农"的关系，制定落实发展"三化"促"三农"的政策举措。我们强调务必统筹城乡兴"三农"，就是要站在经济社会发展全局的高度，确立以统筹城乡发展的方略解决"三农"问题的新思路，实行工业反哺农业、城市支持农村的方针；就是要把农业的发展放到整个国民经济发展中统筹考虑，把农村的繁荣进步放到整个社会进步中统筹规划，把农民的增收放到国民收入分配的总格局中

统筹安排;就是要把农村和城市作为一个有机统一的整体统筹协调,充分发挥城市对农村的带动作用和农村对城市的促进作用,形成以城带乡、以工促农、城乡互动、协调发展的体制和机制。

务必改革开放促"三农"

（二〇〇五年一月十三日）

改革开放是强国之路，是社会主义现代化建设的根本动力，也是推动农村经济社会发展的不竭动力。从家庭联产承包责任制开始的农村改革，极大地解放和发展了农村生产力，激发了广大农民群众的积极性，也推动了整个经济体制改革。随着市场经济的深入发展，宏观体制改革仍然滞后于微观体制改革，城乡改革不配套等问题日渐突出，城乡分割的二元结构和制度安排，严重制约着城乡一体化的推进，越来越成为影响"三农"发展的障碍，改革又到了一个新的攻坚阶段。当前，我省已进入工业化和城市化加速的新阶段，这也是以工促农、以城带乡的新阶段。在这一新阶段，通过深化改革，着力破除城乡体制障碍，妥善解决各类社会矛盾的任务十分紧迫。要真正破除城乡壁垒，解决城乡矛盾，给农民以公平的国民待遇、完整的财产权利和平等的发展机会，为缩小城乡差距开辟道路，还有大量艰巨的工作要做。必须积极探索，切实提高改革开放促"三农"的自觉性，充分尊重群众的首创精神，以农业是否发达、农民是否满意、城乡差距是否缩小为检验标准，努力以改革开放促进"三农"工作，把城乡一体化建设提高到一个新水平。我们强调务必改革开放促"三农"，就是要以与时俱进的精神状态和强烈的

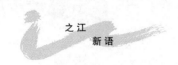
政治责任感深入推进改革开放，不断为"三农"发展添活力、强动力、增后劲；就是要致力于推进城乡配套的各项改革，革除一切影响"三农"发展的体制弊端，建立有利于消除城乡二元结构的机制和体制；就是要以开放促发展，大力实施"走出去""引进来"的战略，不断拓展"三农"发展新空间。

务必求真务实抓"三农"

（二〇〇五年一月十四日）

求真务实，是马克思主义者必须一以贯之的科学精神和工作作风。弘扬求真务实精神，大兴求真务实之风，总的就是要我们去求社会主义现代化建设客观规律之真，务谋最广大人民根本利益之实。搞好新时期新阶段的"三农"工作，更需要我们保持和发扬求真务实的精神。

要求真，是因为"三农"问题具有很强的综合性、复杂性、动态性，受到多种因素的影响，既有计划经济时代遗留的问题，也有市场化、工业化、城市化进程中新出现的问题；既有"三农"自身存在的问题，也有城乡二元结构制约的问题。所以，必须从历史的、全局的和理论与实践相结合的高度，把握"三农"工作的规律性，使其更好地体现时代性，富于创造性。要务实，是因为"三农"问题直接面对广大农民群众，涉及亿万农民的根本利益，我们所有的政策举措只有落到实处，广大农民群众才能真正得到实惠。

我们强调务必求真务实抓"三农"，就是要坚持解放思想、实事求是、与时俱进的思想路线，把握新时期新阶段"三农"工作的客观规律，积极探索解决"三农"问题的新途径；就是要坚持讲实话、出实招、办实事，把推进"三农"工作的各项政策举措真正落到实处；就是要牢固树立正确的政绩观，切实转变工作作风，真心实意地为农民群众谋利益，善于带领农民群众共创美好生活。

"潜绩"与"显绩"

（二○○五年一月十七日）

农业是弱质产业，农村工作是基础性的工作，"三农"工作的内在特点和规律，决定了这方面工作更多的是做铺垫的长期性工作，不可能立竿见影、马上见效。这就有一个如何认识"潜绩"与"显绩"，创造政绩的问题。"潜"与"显"是对立统一的一对矛盾。"潜"是"显"的基础，"显"是"潜"的结果，后人的工作总是建立在前人基础之上的，如果大家都不去做铺路石，甘于默默无闻地奉献，"显绩"就无从谈起，就成了无本之木、无源之水，即使有"显绩"，充其量也只是急功近利的"形象工程"。河南林县的红旗渠，是几代干部群众艰苦奋斗的结果；福建东山县的县委书记谷文昌之所以一直受到广大干部群众的敬仰，是因为他在任时不追求轰轰烈烈的"显绩"，而是默默无闻地奉献，带领当地干部群众通过十几年的努力，在沿海建成了一道惠及子孙后代的防护林，在老百姓心中树起了一座不朽的丰碑。这种"潜绩"，是最大的"显绩"。我们常讲的金杯银杯不如老百姓的口碑，金奖银奖不如老百姓的夸奖，说的就是这个道理。所以，"三农"工作要有作为，一定要树立正确的政绩观，多做埋头苦干的实事，不求急功近利的"显绩"，创造泽被后人的"潜绩"。

大力发展高效生态农业

（二〇〇五年一月十七日）

加快建设现代农业，转变农业增长方式，全面提高农业综合生产能力，是当前十分重要而紧迫的任务。

从我省农业资源紧缺和发挥比较优势的实际出发，提高农业综合生产能力、建设现代农业的主攻方向是：以绿色消费需求为导向，以农业工业化和经济生态化理念为指导，以提高农业市场竞争力和可持续发展能力为核心，深入推进农业结构的战略性调整，大力发展高效生态农业。高效生态农业是对效益农业的进一步提升，是增加农民收入的重要途径，也是充分发挥我省比较优势，加快农业现代化建设的必然要求。高效生态农业是集约化经营与生态化生产有机耦合的现代农业。它以绿色消费需求为导向，以提高农业市场竞争力和可持续发展能力为核心，兼有高投入、高产出、高效益与可持续发展的双重特征，它既区别于高投入、高产出、高劳动生产率的石油农业，也区别于偏重维护自然生态平衡和放弃高投入、高产出目标的自然生态农业，符合浙江资源禀赋实际，也符合现代农业的发展趋势。所谓高效，就是要体现发展农业能够使农民致富的要求；所谓生态，就是要体现农业既能提供绿色安全农产品又可持续发展的要求。

工作倾斜基层

（二〇〇五年一月二十七日）

基层处于承上启下的节点、各种矛盾的焦点和工作落实的重点。基层工作在客观上就有比较大的难度，最需要上级的支持和帮助。为此，一要把基层干部队伍选拔好、培养好、建设好，让基层干部更好地做工作。这方面，各级党委、政府要研究一些具体的措施，有一些现在就能做，有一些要作出规划逐步去做。首先，要在基层干部的培训、培养上加大力度，各级干部的培训、培养要向基层倾斜，在提拔干部时要重视干部的基层经历和经验。其次，要加大机关与基层干部交流的力度，促进机关和基层的相互体会苦衷，相互理解支持。另外，要在体制上做一些改革，从各地实际出发，因地制宜地做大做强乡镇，这不仅可以解决基层体制问题，也有利于城镇化。把"肌体"做大了，内部的机制运作才能活起来。二要促进上级的工作向基层倾斜，让上级拿出一部分力量分担基层的工作。当然，这不是说要让上级直接去做基层该做的工作，越俎代庖、包办代替，该基层做的工作，基层还是要挑起担子。上级该做的是进一步加强指导帮助，赋予相应权力，既给基层下达"过河"的任务，又切实指导帮助其解决"桥"和"船"的问题，并尽可能地在人力、物力、财力上向基层作适当倾斜，为基层开展工作创造必要的条件。

执政重在基层

（二〇〇五年一月三十一日）

我们共产党可以说是全世界最重视基层的党。当年，毛泽东同志领导秋收起义，在三湾进行部队改编时，首创"支部建在连上"。从那时起，我们党不仅确立了党指挥枪的重要原则，也确立了基层组织建设的组织制度。

基层就是基础。基层组织是党的全部工作和战斗力的基础。正是依靠广泛的基层组织，使党有了坚实的基础，形成一个团结统一的整体；也正是依靠党的基层组织，使党能够深深地扎根于人民群众之中，顺利地实现党的领导。党的基层组织是党联系群众的桥梁和纽带，是包括村委会在内的各类社会基层组织的政治核心。基层干部是党和国家干部队伍的基础。广大基层干部是做好基层工作的骨干力量。党和国家的各项方针政策和工作部署，省委提出的"八八战略"和"平安浙江"，最终要靠广大基层干部团结带领群众去贯彻和实施，人民群众的经济、政治、文化利益也要靠广大基层干部组织引导群众去实现。基层干部离群众最近，群众看我们党，首先就看基层干部。基层是加强党的执政能力建设的基础。基础不牢，地动山摇。提高党的执政能力，关键在于提高包括基层干部在内的各级干部的能力，广大基层干部的工作能力如何，对加强党的执政能力建设具有基础性作用。

更多地关爱基层

（二〇〇五年二月二日）

当前，由于我们的经济还处于发展之中，体制还处于改革之中，社会还处于转型之中，因而在基层基础建设和基层干部队伍建设上还存在许多矛盾、困难和问题。对这些矛盾、困难和问题，大家都要清醒地看到。一方面，基层干部要面对现实，不能滋长"骄""娇"两气。要承受得住压力，看到压力可以转化为动力，如果在压力面前怨天尤人，自暴自弃，最终将一事无成；如果在压力之下奋发有为，做出成绩，那就能得到组织的认可、群众的拥护。另一方面，各级党委、政府都要关心支持和指导帮助基层干部。对基层干部工作中、生活上出现的困难，要设身处地地加以理解，满腔热情地给予支持，扎实有效地进行帮助，特别要敢于为基层干部担责任，关注基层干部的身心健康。关心基层干部，最关键的不是给基层多少钱、多少人，最关键的是支持基层干部化解矛盾、解决问题，帮助基层干部分担责任、共渡难关。做好基层工作，上级的支持帮助是一个方面；另一个方面，基层干部要不断增强提高自身综合素质的紧迫感，不断增强自己的使命感和责任感，按照胡锦涛总书记提出的"加强学习、增强本领、转变作风、廉洁自律"的要求，进一步转变职能、转变作风、转变方法，努力做群众信赖的贴心人、带头人。

用思想武器管好自己

（二○○五年二月四日）

批评与自我批评是党内思想斗争的锐利武器，也是领导干部管好自己的有效方法。现在，党内批评总是要在一定的场合内进行，而"吾日三省吾身"，自我批评则与我们个人如影随形，是最及时、最管用的思想武器。我们常讲，领导干部要自重、自省、自警、自励，这"四自"要求，就是对自我批评的要求。尤其是省级领导干部受党教育多年，在党性修养上更应有"响鼓不用重锤敲"的自觉性。要经常警示自己，不断反省自己，严格要求自己，自觉地把自己置于党组织和群众的监督之下，及时检查自己有什么不足和缺点，时刻不忘省级领导干部是党和政府形象的"化身"，是群众认识和评价我们党的"窗口"，也是其他党员和干部心目中的"标杆"，必须管好自己，同时管好亲属和身边的工作人员。

要用人格魅力管好自己

（二〇〇五年二月七日）

　　人格魅力是领导干部人品、气质、能力的综合反映，也是党的干部所应具备的公正无私、以身作则、言行一致优良品质的外在表现。广大干部群众的眼睛是雪亮的，他们不但要看我们是怎么说的，更要看我们是怎么做的。"其身正，不令而行；其身不正，虽令不从"，讲的就是这个道理。有的领导干部之所以在广大干部群众中威信高、影响力大，其中一个重要方面就是自身模范作用好、人格魅力强。否则，"台上他说，台下说他"，说话办事怎么会有影响力和号召力？尤其是我们省级领导干部，众目睽睽，大家关注，更应注重身体力行，以自身的人格魅力，给人们以思想上的正确引导和行为上的良好示范，在领导工作中靠前指挥，在钱物使用上严守规定，在用权用人上坚持原则，在处理问题上公道公正，在解难帮困上尽心尽力，在工作作风上求真务实，在生活待遇上不搞特殊化，在团结共事上胸怀坦荡，努力展示自身过硬、组织信赖、下级钦佩、群众拥护的良好形象。

领导干部必须做到"守土有责"

（二〇〇五年二月十六日）

何其为领导干部？说得直白一点，组织上让我们当领导干部，就是派我们在这里站岗放哨，这叫守土有责。古时候，刘邦的《大风歌》说："大风起兮云飞扬，威加海内兮归故乡，安得猛士兮守四方！"意思就是说要有一批人来守土，负责站岗放哨。当年，明成祖迁都到北京，虽然有其他因素，但对外冠冕堂皇的说法，就是"天子守国门"。"天子守国门"，意思就是皇帝不能坐在中间享福，要守国门，这是天经地义的事情。清代守钱塘大堤的塘官，当时是四品官，与知府享受一样的待遇，待遇很高；但是有一条，就是不能决堤，如果决了堤，不等皇帝来找他算账，他就跳塘自尽了。当年的封建官吏尚且如此，现在我们作为共产党的领导干部，更应有强烈的责任感，明白责任，敢于负责，保一方平安，强一方经济，富一方百姓，真正做到守土有责。

发展不能走老路

（二〇〇五年二月十八日）

科学发展观是指导发展的根本指南。科学发展观不是不要发展，我们党改革开放以来提出的"发展是硬道理"、"发展是党执政兴国的第一要务"等重要论断，都是科学发展观的本义所在。科学发展观首先还是要发展，其关键在于发展不能再走老路。发展不能脱离"人"这个根本，必须是以人为本的全面发展，这是发展的终极目标。发展要城乡协调、地区协调。发展不能断送了子孙的后路。粗放型增长的路子，"好日子先过"，资源环境将难以支撑。因此，发展必须是可持续的。这些道理一经揭示出来，看似浅显易明；但不揭示出来，可能在实践中就忽略了；一旦忽略，就出现许多问题，有些问题积重难返，就非下"虎狼之药"不可，这就需要宏观调控了。宏观调控是市场经济条件下的一个常态，去年以来"有保有压"的政策是宏观调控，前些年以积极的财政政策来刺激投资和消费也是宏观调控，今后的发展同样离不开宏观调控。

积小胜为大胜

（二〇〇五年二月二十一日）

科学发展观是指导发展实践的重大理论创新。"八八战略"和"平安浙江"在实质上就是要追求全面协调可持续的发展。这是我省立足于过去的基础、立足于发挥既有优势和发掘潜在优势而作出的重大战略决策。我们浙江贯彻落实科学发展观，就是要把实施"八八战略"和建设"平安浙江"抓紧抓深抓实，每年抓几个重点，完成几项任务，步步为营，年年有成，积小胜为大胜。经过一年多来的实践，推进"八八战略"和建设"平安浙江"已初见成效。二〇〇四年我省抗缺电、抗干旱、抗台风，奋力跃过了"万亿元"标杆，实现了具有标志性意义的突破，跨过了迈向现代化的一个重要门槛。

建设资源节约型社会是一场社会革命

（二○○五年二月二十三日）

　　建设资源节约型社会是一场关系到人与自然和谐相处的社会革命。人类追求发展的需求和地球资源的有限供给是一对永恒的矛盾。古人"天育物有时，地生财有限，而人之欲无极"的说法，从某种意义上反映了这一对矛盾。人类社会在生产力落后、物质生活贫困的时期，由于对生态系统没有大的破坏，人类社会延续了几千年。而从工业文明开始到现在仅三百多年，人类社会巨大的生产力创造了少数发达国家的西方式现代化，但已威胁到人类的生存和地球生物的延续。西方工业文明是建立在少数人富裕、多数人贫穷的基础上的；当大多数人都要像少数富裕人那样生活，人类文明就将崩溃。当今世界都在追求的西方式现代化是不能实现的，它是人类的一个陷阱。所以，必须在科学发展观指导下，探索一条可持续发展的现代化道路。这对于既是资源小省、又是经济大省的浙江来说，建设资源节约型社会显得更为迫切，这也是我们建设生态省的本义所在。

平安和谐是落实科学发展观题中之义

（二〇〇五年二月二十五日）

人人平安，社会和谐，是科学发展观的题中应有之义，是全面建设小康社会的重要目标。从文化渊源看，崇尚和谐，企盼稳定，追求政通人和、安居乐业的平安社会、和谐社会，这是中华文化的重要组成部分。中国古人就说："和为贵"，"和而不同"，"有容乃大"。从这些年来的实践看，稳定压倒一切，没有稳定的环境，什么事都干不成，改革与发展都会成为一句空话，已经取得的成果也会失掉。国际经验也表明，在人均 GDP 处于一千美元到三千美元这一阶段，既是加快发展的黄金时期，也是各类矛盾的凸显时期。当前我们发展中确实存在一些不和谐的问题。所以，省委在深入调查研究基础上，作出了建设"平安浙江"、促进社会和谐稳定的重大决策部署。我们提出的"平安"，不是仅指社会治安或安全生产的狭义的"平安"，而是涵盖了经济、政治、文化和社会各方面宽领域、大范围、多层面的广义"平安"。这完全符合科学发展观的执政理念，完全符合构建和谐社会的本质要求，也完全符合广大人民群众的迫切需要。

将服务业培育壮大为"主动力产业"

（二○○五年三月十日）

　　加快发展服务业，是顺应经济发展规律、推进增长转型的客观要求。必须遵循经济规律，将服务业逐步培育壮大成为推动经济发展的"主动力产业"。

　　近年来，我省的服务业发展呈现出良好的态势，但我省服务业的发展仍相对滞后，服务业增加值比重仍然偏低，服务业内部结构不够合理。推动服务业发展，必须用现代信息技术和现代流通经营方式改造服务业，推动服务业现代化。要把服务业发展与先进制造业基地建设结合起来，推动物流、金融、中介、软件和信息等与生产密切相关的现代服务业发展，更好地为先进制造业基地建设服务。发达的服务业是制造业提升的助推器，一流的制造业需要一流的服务业支撑。发达的运输、物流、商贸业，有利于生产要素和产品大进大出，实现工贸联动；完善的资本市场与金融服务，有利于制造业产业资本与商业资本、金融资本之间有机互动；教育、科研和培训服务业的发展，有利于制造业获得高素质劳动者，加强技术创新。要把服务业发展与专业市场提升结合起来，推动专业市场经营业态创新，积极发展电子商务和网上虚拟市场，借鉴现代流通经营方式改造商品市场和专业街区，完善市场服务功能。要把服务业发展与城乡统筹结合起

来，推动城市服务业向农村辐射，推进农村服务业网络化。要把服务业发展与扩大消费结合起来，大力发展商贸、旅游、文化、体育、保健、商住等服务业，提高人民的生活质量和水平。

突出选商引资

（二○○五年三月十六日）

改进招商引资的方式，在继续重视"以民引外"、"以外引外"和"东引台资"的同时，着重引进世界五百强等大企业和高技术产业项目来我省投资落户，积极稳妥推进银行、保险、旅游、教育、卫生等服务领域的对外开放。也就是说，要突出选商引资，大力提高利用外资的质量和水平。在引进来的同时，积极实施走出去战略，以境外资源开发和跨国并购为重点，开展多种形式的境外投资，在国外建立研发中心、营销网络、生产加工和资源基地，提高我省企业的国际化经营水平。我省是资源小省，利用两个市场、两种资源，在境外建立能源原材料基地，是长远的战略选择，符合国家战略安全的需要。我省从国外进口矿产资源已经有了良好开端，要进一步谋划，捷足先登。

宜轻则轻，宜重则重

（二〇〇五年三月十八日）

　　浙江的产业结构总体上是以"轻"为主，这是我省的优势，不能丢，而且按照我省的经济结构和环境承载力来看，要想太"重"也不可能。我省沿海港口资源优势十分明显，有条件发展精深加工型、临港型重化工业。在制造业发展中，要扬长避短，宜轻则轻，宜重则重，积极在优化产业结构、延长产业链、做大做强做优产业方面下工夫。认真落实环杭州湾、温台沿海和金衢丽地区三大产业带规划，确定和实施一批重大项目，培育和发展一批重点企业、重点产品，力争在一些重要领域和关键环节取得新的突破。我省工业以传统加工制造业为主，改造和提升传统产业的任务十分繁重。我们要抓住科技创新和实施品牌战略两个重点，全面提升产业层次，提高企业素质，增加产品的附加值，增强区域特色经济的竞争优势。制造业是科技创新的主要领域，也是科技转化为生产力的载体。只有不断加强科技创新，并且把最新技术积极运用到制造业中去，与产品的更新换代紧密地结合起来，才能进一步发挥科技创新的核心作用，提高产业的国际竞争力。

跳出浙江发展浙江

（二○○五年三月二十一日）

　　"跳出浙江发展浙江"，是浙江经济发展的必然要求，也是浙江在高起点上实现更大发展的战略选择。从国际经验看，跨区域投资在人均 GDP 二千五百美元左右时进入加速阶段，我省近年来企业和个人走出去投资创业总体上是符合规律的。从我省发展情况看，要缓解要素制约，推动产业升级，必须鼓励和支持部分劳动密集型、资源消耗型等产业和企业有序地走出去，腾出发展空间。从企业自身看，也需要在跨区域的要素整合中获取新优势，实现新扩张。近年来，我省已经有一大批企业到全国各地进行投资、开发和资本运作。截至二○○三年底，浙江在其他省区市的务工经商人员达四百万左右，企业约九万家，投资累计约五千三百二十亿元，其中从浙江输出资金约八百亿元，二○○三年营业收入超过一万亿元。从投资领域看，主要集中在第三产业，占投资总额的百分之七十五以上。从资金来源看，百分之五十至百分之七十是浙江人多年在外经营的积累，从浙江输出的大约占百分之十五至百分之二十五，当地融资约占百分之十至百分之十五，当地人投入约占百分之五至百分之十。从经济关联度看，在外企业与浙江经济具有很强的相关性，经营的产品百分之七十以上产自浙江，约占省内相关产业产出的百分之三十。我们要以战略的思维、开阔的视野、务实的态度，鼓励浙江人走出去投资创业，同时积极创造良好的发展环境，吸引国内外企业来浙投资，吸引在外企业回来投资。

重视进口的作用

（二〇〇五年三月二十三日）

长期以来，受凯恩斯经济学理论的影响，我们一直将投资、消费和出口看成是拉动经济增长的"三驾马车"，而将进口看成是国民经济的"漏出"。但实践证明，进口对增加要素供给、推动技术进步、改善人民生活具有不可替代的作用。多年来，我省"出多进少"，贸易顺差大，这一方面是我省对全国的贡献，另一方面也反映了我省没有充分利用国外资源和要素。要充分发挥进口在补充资源供给不足、推动技术进步和产业升级等方面的作用，利用我省外汇储备充裕的条件，抓住明年我国降低进口关税的有利时机，大力组织急需的能源、原材料和关键设备进口。有关部门要加强对重点商品进口的组织协调，探索联合采购等办法，降低进口成本。

增强走在前列的意识

（二〇〇五年三月二十三日）

　　增强前列意识是推进党的先进性建设的要求。党的先进性集中体现于走在时代前列，走在群众前列。贯彻胡锦涛总书记提出的走在前列的要求，首先要有争先精神，始终保持昂扬向上、开拓进取的精神状态，努力在更高起点上实现更快更好的发展。其次要创一流业绩，不仅要使浙江经济社会发展的主要指标保持全国领先位置，而且要在实践中善于创造性地开展工作，积极为全国提供有益的探索和经验。同时还要有世界眼光，瞄准国际先进水平，用国际先进标准来衡量和要求自己，发展和壮大自己。

先进性教育重在"强身健体"

（二〇〇五年三月二十五日）

在这次保持共产党员先进性教育活动中，要切实防止和克服两种倾向：一种是"无用论"，认为这些年党内教育没少搞，但一些问题仍然存在，这次教育也起不了很大的作用；一种是"速胜论"，期望通过这次集中教育，"毕其功于一役"，解决所有存在的问题。

保持党的先进性要把抓经常性教育和开展适当的集中教育有机结合起来。这就如同为了保持人的身体健康要抓保健一样，既要经常检查身体及时发现病症，又要针对病症进行及时治疗。人生活在现实中，难免受到各种病菌的侵蚀，所以要经常检查身体，及时发现和排除病害。对有些重大疾患，还必须下猛药集中治疗。保持党的先进性也要与时俱进，常学常新。因为党的先进性是历史的、具体的；先进性建设既有紧迫性，又具长期性。过去先进不等于现在先进，现在先进也不等于将来先进。无论是开展经常性还是集中性的党内教育，目的都是一个，就是为了"强身健体"，解决问题，有效清除我们思想上的"病菌"和工作中的"疾患"。

"无用论"采取无所作为的消极态度，放弃积极有效的检查和对症治疗；"速胜论"采取一劳永逸的极端态度，期望通过一次诊疗或一剂猛药就包治百病，根绝病灶。

这两种倾向都违背了唯物辩证法,都可能导致"走过场"的结果,是于事无补的。正确的态度应该是:积极而主动地投身于这次集中教育活动,切实把自己摆进去,查思想、找差距、挖根源,努力在"强身健体"上下工夫,在解决问题上花力气,使人民群众真正看到实实在在的成效。

牢记科学发展的使命

（二〇〇五年三月三十日）

　　要落实胡锦涛总书记提出的努力在全面建设小康社会、加快推进社会主义现代化的进程中继续走在前列的要求，首先必须在树立和落实科学发展观方面走在前列。要坚持把科学发展观作为指导发展的根本指南，把继续加强和改善宏观调控作为落实科学发展观的具体体现，把深入实施"八八战略"作为浙江落实科学发展观的生动实践，切实增强用科学发展观指导和推进发展的紧迫感、责任感和使命感。浙江人均生产总值已接近全面建设小康社会的目标，但实现全面建设小康社会光有几个大的指标是不够的，应当从经济更加发展、民主更加健全、科教更加进步、文化更加繁荣、社会更加和谐、人民生活更加殷实等六个方面来全面理解，全面推进，促进各方面工作走在前列。

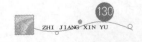

树立和谐社会的理念

（二〇〇五年四月四日）

构建社会主义和谐社会，是党中央从全面建设小康社会、开创中国特色社会主义事业新局面的全局出发，在实践中推进理论创新取得的一个重大成果。要按照"民主法治、公平正义、诚信友爱、充满活力、安定有序、人与自然和谐相处"的要求，把和谐社会的理念统一到社会主义经济建设、政治建设、文化建设和社会建设之中。把激发全社会创造活力和实现各方面利益有机结合起来，妥善处理公平与效率的关系，通过市场来更好地配置资源、激发效率，通过政府来更多地协调利益、关注公平。把加强民主法制建设和加强思想道德建设有机结合起来，切实发展社会主义民主，扩大公民理性合法有序的政治参与。把加强政府管理与推动社会自治有机结合起来，建立健全党委领导、政府负责、社会协同、公众参与的社会管理格局。

弘扬求真务实的精神

（二〇〇五年四月六日）

　　求真务实，是加强党的先进性建设的一个重要方面，是贯彻落实各项举措、推进各项事业发展的重要保证。胡锦涛总书记再三叮嘱我们，要始终牢记"两个务必"，大力弘扬求真务实精神，大兴求真务实之风。我们要以开展保持共产党员先进性教育活动为契机，努力在转变作风上下工夫，力求做到求客观实际之真、务执政为民之实。省委一直强调的深化理论武装求真谛、深入调查研究重实际，狠抓工作落实动真格、加快浙江发展务实效，高度关注民生系真情、坚持为民谋利出实招，都体现了求真务实的要求，也是加强党的先进性建设的题中之义。我们要谦虚谨慎地对待成绩，科学民主地进行决策，真抓实干地抓好落实，办实事而不图虚名，求实效而不做虚功，使先进性教育活动取得实实在在的成效。

从"倒逼"走向主动

（二〇〇五年四月十五日）

兵法云："置之死地而后生。"这话说得绝对了些。但世上有些事确实是"倒逼"出来的。譬如，浙江人多地少，自然资源匮乏，逼着众多浙商走南闯北开辟新天地，逼着众多企业做好"无中生有"促发展的文章。二十多年改革开放的历程，不仅"倒逼"出浙江的实力和活力，而且造就了一批创业型人才，这是浙江推进新发展的最大"资源"。

现在，国家实施宏观调控政策和现实经济活动中资源要素瓶颈制约形成了新的"倒逼"机制，实际上这也是调整经济结构、转变增长方式的一个契机。我省一些地方以脱胎换骨的勇气，从被"倒逼"转向主动选择，逼出了"腾笼换鸟"、提升内涵的新思路，逼出了"借地升天"、集约利用的新办法，逼出了节能环保、循环经济的新转折，从而用"倒逼"之"苦"换来发展之"甜"，争取实现"凤凰涅槃、浴火重生"的新飞跃。这说明，面对"倒逼"的客观现实，唯有变压力为动力，深刻认识，尽早觉悟，抓紧行动，才能从"倒逼"走向主动，形成可持续的发展机制，真正把科学发展观落到实处。

批评与自我批评要动真格

（二〇〇五年四月二十五日）

批评与自我批评是党的优良传统，也是最重要的作风之一。现在有一种倾向，好像批评是不得了的事情，批评谁就得罪谁，出现批评的人不敢批评、被批评的人也不愿被批评等现象，有的与其说是批评与自我批评，还不如说是表扬与自我表扬。这是一种不好的风气，甚至对党组织的肌体健康是有危害的。目前，先进性教育活动已进入分析评议阶段。这一阶段的一个重要环节，就是认真地而不是敷衍地开展批评与自我批评。

天下无尽善尽美之事，世上无十全十美之人。问题在于往往自病不知，识己更难。于是，工作中有不足，干事业有失误，如果有人及时指出，自己及时觉察和改正，于工作和事业有利，对自己成长和进步也有好处。这是多好的事！批评是为了团结，连批评都不敢开展了，团结也是不牢固的。一团和气、好好先生、你好我好大家好，这不是团结，而是涣散，也是一种麻痹。应该说，同志间互相批评，是信任、是理解、是支持、是爱护。只考虑个人得失，不讲真理，不讲原则，对缺点和错误视而不见，甚至姑息纵容，任其发展，必然积小过为大失，从量变到质变。作为共产党员，就应该相互坦诚地直言其过，就应该有闻过则喜的胸怀和气量。当然批评不是"大批判"，要以先

进性教育活动为契机，注意在谈心、评议中认真开展批评与自我批评，营造一种勇于批评、欢迎批评、接受批评的良好氛围，使之成为一种好的风气和长效机制。党员领导干部在开展批评与自我批评时，要做好表率，起到示范带头作用。

一个党员就是"一面旗"

（二〇〇五年四月二十七日）

党员要对党忠诚，对组织负责，对社会负责，对群众负责。党员的身份决定着，一名党员无论在什么地方、什么岗位，他的第一身份是共产党员，第一职责是为党工作，第一目标是为民谋利，办任何事情都要想到党，想到党的事业和党所代表的群众利益，做任何工作都要想到是代表党去开展工作，有任何成绩都要想到是党组织领导和培养的结果。作为一名党员还应意识到，党员的形象就反映了党的形象，特别是基层群众看我们党，很大程度上就是通过身边的党员来看的。一个党员就是群众中的"一面旗"，千百万共产党员的先进形象就是我们党的光辉形象。从李大钊、方志敏等革命先驱和革命先烈到社会主义建设和改革时期涌现出来的无数英雄模范人物，都堪称广大党员和群众心目中的"一面旗"。所以，我们一定要见贤思齐，以实际行动树立共产党员的良好形象，做到平常时间能看得出来，关键时刻能冲得出来，危难时刻能豁得出来。

人生本平等，职业无贵贱

（二○○五年四月二十九日）

人生本平等，职业无贵贱。三百六十行，行行都是社会所需要的。不管他们从事的是体力劳动还是脑力劳动，是简单劳动还是复杂劳动，只要有益于人民和社会，他们的劳动同样是光荣的，同样值得尊重。特别是农民工，既是经济建设的重要力量，也是构建和谐社会的重要力量，不但可以赢得重视和尊重，而且同样可以成为劳动者中的杰出代表和社会楷模。

过去我们在不同的历史时期推出过各行各业、各种类型的先进典型，但在数量极其庞大的农民工群体中却不曾推出过先进典型。李学生正是新时期农民工的好代表，他的事迹充分体现了中国农民的传统美德，体现了广大农民工的精神品质。应该说，农民工既是农民的一部分，同时又加入到工人阶级队伍中来了，应当是新时期工人阶级的重要组成部分，他们一样为经济社会发展作出了重大贡献。社会上有些人歧视、责难农民工，一些企业和部门侵害农民工的利益，是十分错误的，与构建和谐社会的要求是背道而驰的。我省作为经济发达的开放地区，农民工群体人数庞大，应该在有关农民工的政策制定上、对农民工的关心和管理上做一些积极的探索，绝不能让农民工流汗又流泪。要坚持管理与服务结合、教育与

维权并重,积极探索流动人口管理的新途径、新方式,推进社会化、市场化、信息化和人性化管理,特别要关心和重视农民工的生产和生活,切实维护广大农民工的合法权益,给广大农民工以真切的人文关怀,同时加强对农民工的教育、引导和管理,更好地发挥流动人口的积极作用。

做人民群众的贴心人

（二○○五年五月九日）

　　党是最广大人民根本利益的忠实代表，党始终坚持立党为公、执政为民，全心全意为人民服务，与人民群众保持血肉联系。一个党员，如果与群众的距离远了，就与党拉开了距离；心中没有群众，就不配再做共产党员。"群众利益无小事"，柴米油盐等问题对群众来说就是大事。老百姓可能不关心GDP，但他们关心吃穿住行，关心就业怎么办、小孩上学怎么办、生病了怎么办、老了怎么办，等等。针对这些问题，我们必须切实把发展的理念转变到科学发展观上来，转变到以人为本上来。在这个过程中，共产党员一定要服务群众并教育群众，努力做为人民群众服务的带头人，做人民群众信赖、尊敬的贴心人。

发展循环经济要出实招

（二○○五年五月十一日）

发展循环经济是走新型工业化道路的重要载体,也是从根本上转变经济增长方式的必然要求。我省资源相对短缺,而发展需要的资源量又很大;环境承载容量相对较小,而庞大经济总量所带来的废弃物又很多;经济结构的层次相对较低,而群众对生活质量的要求又很高。这些矛盾迫使我们必须在发展循环经济上先行一步,努力在资源的高效利用和循环利用上出实招、见成效。要加大宣传力度,在全社会树立循环经济的理念,转变单纯追求 GDP 的观念。要加强政策引导,充分发挥税收、金融、价格和财政等经济政策的作用,探索建立鼓励发展循环经济的政绩考核体系和相应的激励导向及约束机制。要完善法规体系,建立有利于促进资源多重利用和节能、节水、节地、节材的法律法规,逐步将发展循环经济纳入法制化轨道。要深入研究发展循环经济的技术支撑和保障,开发生产清洁化、环境无害化、能耗节约化的科学技术,开展这方面的信息咨询、技术推广和培训服务等。要抓试点示范和不同层面的有序推进,围绕减量化、再利用、资源化的基本原则,积极倡导清洁生产和绿色消费,形成企业间生产代谢和共生关系的生态产业链,在典型示范中引导公众参与建立循环型社会。

努力建设环境友好型社会

（二〇〇五年五月十六日）

改革开放以来我省经济年均增长率高达百分之十三，但也付出了沉重的环境代价。现在，环境污染问题已不是局部的、暂时的问题。江南水乡受到污染没水喝，要从这里调水从那里买水。近岸海域海水受到污染，赤潮频发。这就好比借钱来做生意，钱是赚来了，但也欠了环境很多的债，同时还要赔上高额的利息。欠债还钱，天经地义。生态环境方面欠的债迟还不如早还，早还早主动，否则没法向后人交代。为什么说要努力建设资源节约型、环境友好型社会？你善待环境，环境是友好的；你污染环境，环境总有一天会翻脸，会毫不留情地报复你。这是自然界的客观规律，不以人的意志为转移。因此，对于环境污染的治理，要不惜用真金白银来还债。目前在全省上下全力实施的"811"环境污染整治行动，是生态省建设的重要内容，是一项针对现实的、刻不容缓的、极具意义的任务。这也是一场环境污染整治的攻坚战、持久战。我们一定要打赢这场攻坚战、持久战。

化压力为动力

（二○○五年五月三十日）

面对当前发展中遇到的一些困难和问题，各级干部不同程度地感到一些压力，比如，转变传统思维定势的压力，落实领导责任制的压力，基层工作难做的压力，上级机关检查和督导的压力，甚至还有一些遭受非难和责怪的压力。有压力是事业心和责任感的体现。井无压力不出油，人无压力轻飘飘，把压力转化为动力，可以促进工作，提高质量。但压力过大，超过承受程度，也会影响情绪，走向反面。领导工作的一项重要内容，就是发挥"调压器"的作用，适时给干部"增压"和"减压"，使其始终保持在一种"常压"的工作状态。"调压"的目的就在于更好地调动和保护各方的积极性。气可鼓而不可泄。各方尤其是基层干部的积极性，是推进发展的动力。无论在什么情况下，我们都要加以珍惜，给予保护，这也是各级领导干部的重要职责。特别是对基层干部，要全面落实"三真"要求，多给一些鼓励，多予一些指导，多教一些方法，既要下达"过河"的任务，更要切实指导帮助其解决"桥"和"船"的问题。全省上下齐心协力，就必定能做好我们的各项工作。

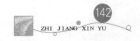

保持先进性就是走在前列

（二〇〇五年六月一日）

保持共产党员先进性，关键是要干在实处，走在前列。先进性，其意义是"先"，要务是"进"。所谓"前列"，即在行进过程中走在前，或次序排在前，或时间赶在前，或工作做在前，这是一个动态的过程。"前列"与"落伍"相对，有先就会有后。保持先进性，就要走在前列，否则，不进则退，难免会掉下队来。

党员的先进性不是与生俱来的，也不是一劳永逸的。入党的时候先进，不意味着后来都先进。过去先进不意味着今天先进，今天先进也不意味着永远先进。先进之路、前列之途往往不是平坦大道，这就需要有进取之心、克难之志、开拓之力。饱食终日，无所用心不能走在前列；做一天和尚撞一天钟，端一杯清茶看一天报纸也不能走在前列；不敢闯、不敢试，墨守成规，拘谨守分，同样不能走在前列。保持先进，走在前列，就必须学习在先、调查在先、研究在先、实践在先，在实践中努力掌握新知识，积累新经验，增长新本领；必须胸有目标，脚踏实地，立足自身，不甘现状，追求更好，敢于突破；必须闻毁不戚，闻誉不欣，慎始如初，善作善成。保持先进性，就是要始终保持那么一股劲、那么一种精神，从我做起，从现在做起，勇于走在时代前列。从我做起才服人，走在前列才光荣，只有这样，我们才会得到大家的支持和拥护。

不畏艰难向前走

（二〇〇五年六月二十日）

浙商源起于浙江独特的文化基因，源起于对传统计划经济体制的突破，源起于浙江资源环境的约束。从这个意义上说，浙商也代表了浙江广大干部群众的创造精神、创新精神和开放精神。浙江之所以能够由一个陆域资源小省发展成为经济大省，正是由于以浙商为代表的浙江人民走遍千山万水、说尽千言万语、想尽千方百计、吃尽千辛万苦，正是由于历届党委、政府尊重群众的首创精神，大力支持，放手发展。浙商自草根中来，每一位浙商的成长都伴随着克难攻坚的拼搏，每一位浙商都有一部艰苦的创业史。

进入新世纪新阶段，随着浙江经济的不断发展和规模的日益扩大，我们在发展中又遇到许多困难，既有"先天的不足"，又有"成长的烦恼"，原有的一些优势正在减弱，新的矛盾又在产生。浙江的发展正进入一个关键时期，在这个关键时期，结构需要优化，产业需要升级，企业需要扩张，要素需要保障，环境需要保护，市场需要更大的空间，经济增长方式需要从根本上转变。面对产业升级的动力，企业发展的张力，要素制约和资源环境的压力，我们必须寻找新的出路，拓展新的空间。浙江的资源禀赋逼迫我们，浙商的走南闯北启示我们：浙江要在新的

起点上实现更快更好的发展，既需要"立足浙江发展浙江"，又必须"跳出浙江发展浙江"。同时，妥善处理"走出去"与"引进来"的关系，既为浙商走出去搭桥铺路，做好引导，又为浙商的回归搭建平台，创造良好的投资环境、创业环境，使更多在外创业有成的浙商反哺家乡，在更高的层次上实现更快更好的发展。前进的道路从来不是一帆风顺的，但是包括浙商在内的浙江人民从来不怕苦，从来不畏难，这是我们不断前进、走在前列的不竭动力。

善于同群众说话

（二○○五年六月二十九日）

　　人民群众是共产党存在和发展的基础、力量和智慧的源泉。共产党最基本的一条经验是一刻也不能脱离人民群众。现在基层出现的问题，很多是因为没有重视群众工作，没有做好群众工作，不会做群众工作，甚至不去做群众工作。有少数干部不会同群众说话，在群众面前处于失语状态。其实，语言的背后是感情、是思想、是知识、是素质。不会说话是表象，本质还是严重疏离群众，或是目中无人，对群众缺乏感情；或是身无才干，做工作缺乏底蕴；或是手脚不净、形象不好，在人前缺乏正气。

　　因此，做群众工作要将心比心，换取真心。群众在党员干部心里的分量有多重，党员干部在群众心里的分量就有多重。这说明，只有在平时多做过细的群众工作，才能真正取得群众的认同和信任。有了这个牢固的基础，遇到问题和矛盾时才容易同群众说上话、有沟通、好商量、能协调。

坚持效率优先兼顾公平

（二〇〇五年七月一日）

　　和谐社会应当是一个既能激发全社会的创造活力，又能维护公平正义的社会。促进公平和正义的基本前提是正确处理公平与效率的关系。首先，坚持"效率优先、兼顾公平"是一个长期的方针，公平要建立在效率的基础上，效率也要以公平为前提才得以持续。当前，在促进效率和维护公平上出现的一些问题，并不是这个方针本身存在什么问题，而是没有真正让效率得到充分发挥，使公平得以兼顾。社会主义初级阶段的公平只能是相对的，不能离开生产力水平开空头支票、盲目吊高胃口。其次，效率和公平有分工的不同，实现的途径也有所不同。初次分配应当注重效率，发挥市场这只"看不见的手"的作用；二次分配应当注重公平，发挥政府这只"看得见的手"的作用。再次，要真正解决社会公平问题，必须扩大中等收入者的比重，使社会收入结构由高收入者很少、低收入者很多的金字塔形，转变为中等收入者为主体、高低收入者占少数的橄榄形。浙江是一个充满活力的地区，有着庞大的创业者群体，这为构建一个中等收入阶层为主体的社会结构提供了有利的条件。在这方面要加强引导，使人们在创业中各尽其能、各得其所，这也正是构建和谐社会的题中之义。在具体工作中，要按照逐步建立权利

公平、机会公平、规则公平、分配公平为主要内容的社会公平保障体系的要求,坚持实施积极的就业政策,加快完善社会保障体系,合理调节收入分配关系,致力于解决关系群众切身利益的突出问题,不断维护和实现社会公平和正义。

文化是灵魂

（二〇〇五年八月十二日）

　　文化的力量，或者我们称之为构成综合竞争力的文化软实力，总是"润物细无声"地融入经济力量、政治力量、社会力量之中，成为经济发展的"助推器"、政治文明的"导航灯"、社会和谐的"黏合剂"。

　　一位哲学家曾做过这样的比喻：政治是骨骼，经济是血肉，文化是灵魂。这一比喻形象地说明了文化对人类社会发展所起的作用。从根本上说，文化是由经济决定的，经济力量为文化力量提供发挥效能的物质平台。然而，任何经济又离不开文化的支撑：文化赋予经济发展以深厚的人文价值，使人的经济活动与动物的谋生行为有质的区别；文化赋予经济发展以极高的组织效能，促进社会主体间的相互沟通和社会凝聚力的形成；文化赋予经济发展以更强的竞争力，先进文化与生产力中的最活跃的人的因素一旦结合，劳动力素质会得到极大地提高，劳动对象的广度和深度会得到极大的拓展，人类改造自然、取得财富的能力与数量会成几何级数增加。文化力量对政治制度、政治体制的导向和引领作用十分明显。一定社会的文化环境，对生活其中的人们产生着同化作用，进而化作维系社会、民族的生生不息的巨大力量。要化解人与自然、人与人、人与社会的各种矛盾，必须依靠文化的熏陶、教化、激励作用，发挥先进文化的凝聚、润滑、整合作用。

文化育和谐

（二〇〇五年八月十六日）

构建和谐社会，从以人为本的理念出发，关注人与自我、人与人、人与社会、人与自然之间的和谐，进一步明确经济发展以社会发展为目的，社会发展以人的发展为归宿，人的发展以精神文化为内核。

文化即"人化"，文化事业即养人心志、育人情操的事业。人，本质上就是文化的人，而不是"物化"的人；是能动的、全面的人，而不是僵化的、"单向度"的人。人类不仅追求物质条件、经济指标，还要追求"幸福指数"；不仅追求自然生态的和谐，还要追求"精神生态"的和谐；不仅追求效率和公平，还要追求人际关系的和谐与精神生活的充实，追求生命的意义。我们的祖先曾创造了无与伦比的文化，而"和合"文化正是这其中的精髓之一。"和"指的是和谐、和平、中和等，"合"指的是汇合、融合、联合等。这种"贵和尚中、善解能容，厚德载物、和而不同"的宽容品格，是我们民族所追求的一种文化理念。自然与社会的和谐，个体与群体之间的和谐，我们民族的理想正在于此，我们民族的凝聚力、创造力也正基于此。因此说，文化育和谐，文化建设是构建和谐社会的重要保证和必然要求。

文风体现作风

（二〇〇五年八月十九日）

在一定意义上文风也体现作风，改进作风必须改进文风。现在存在一种很不好的文风，喜欢写长文章，讲长话，但是思想内涵却匮乏得很，就像毛主席所批评的那样，像"懒婆娘的裹脚"。要把那些又长又臭的懒婆娘的裹脚，扔到垃圾桶里去，其实诀窍很简单，可用郑板桥的对联概括为"删繁就简三秋树，领异标新二月花"。就是要开门见山，直截了当，讲完即止，用尽可能少的篇幅，把问题说清、说深、说透，表达出丰富而深刻的思想内容。最要反对的是空话连篇、言之无物的八股文，那种"穿靴戴帽"、空泛议论、堆砌材料、空话连篇、套话成串、"大而全"、"小而全"等弊病，都要防止和克服。

当然，我们提倡短文、短话，并不是说凡是长文就一定不好。有些重要的内容，有些深刻的道理，该强调的还是要强调。总的原则是，当长则长，当短则短，倡导短风，狠刹长风。"凫胫虽短，续之则忧；鹤胫虽长，断之则悲。"为文也是这个道理。

理想责任价值也要重在实践

（二〇〇五年八月二十二日）

共产党员要保持先进性，必须坚定理想、强化责任、实现价值。理想责任价值不仅是一个认识问题，更是一个实践问题。理想责任价值从来不是靠空谈，而是来自于实践，体现于实践，实现于实践。在先进性教育活动中，坚定理想、强化责任、实现价值，也要重在实践。

坚定理想，就是共产党员既要有共产主义的远大目标，又要有为今天的事业而献身的精神，做到在纷繁复杂的情况下，不迷失方向，不走错路、弯路，贯彻好党的路线、方针、政策，在深入实施"八八战略"、全面建设"平安浙江"、切实增强执政本领的工作实践中奋发有为。强化责任，就是要把党员的责任义务明晰到具体工作岗位中，落实到出色做好本职工作上来，时刻把党的历史使命记在心上，把浙江改革、发展、稳定的任务记在心上，不负重托，真抓实干，立足岗位，建功立业。实现价值，就是共产党员要以自己的先锋模范作用，带领人民群众投入到改革、发展、稳定的实践中去，在伟大实践中实现个人价值与人民利益的统一。

绿水青山也是金山银山

（二〇〇五年八月二十四日）

我们追求人与自然的和谐，经济与社会的和谐，通俗地讲，就是既要绿水青山，又要金山银山。

我省"七山一水两分田"，许多地方"绿水逶迤去，青山相向开"，拥有良好的生态优势。如果能够把这些生态环境优势转化为生态农业、生态工业、生态旅游等生态经济的优势，那么绿水青山也就变成了金山银山。绿水青山可带来金山银山，但金山银山却买不到绿水青山。绿水青山与金山银山既会产生矛盾，又可辩证统一。在鱼和熊掌不可兼得的情况下，我们必须懂得机会成本，善于选择，学会扬弃，做到有所为、有所不为，坚定不移地落实科学发展观，建设人与自然和谐相处的资源节约型、环境友好型社会。在选择之中，找准方向，创造条件，让绿水青山源源不断地带来金山银山。

调查研究就像"十月怀胎"

（二〇〇五年八月二十六日）

陈云同志曾经说过："领导机关制定政策，要用百分之九十以上的时间作调查研究工作，最后讨论作决定用不到百分之十的时间就够了。"又说："片面性总是来自忙于决定政策而不研究实际情况。"为什么我们现在有些决策的针对性和可操作不强，说到底，根子还是在于调查研究少了一点，"情况不明决心大，心中无数点子多"。

正确的决策，绝对不是一个人或者一堆人，不作调查研究，坐在房子里苦思冥想就能产生的，它要在人民群众改革发展的实践中才能产生。我们担负领导工作的干部，在对重大问题进行决策之前，一定要有眼睛向下的决心和甘当小学生的精神，迈开步子，走出院子，去车间码头，到田间地头，进行实地调研，同真正明了实情的各方面人士沟通讨论，通过"交换、比较、反复"，取得真实可信、扎实有效的调研成果，从而得到正确的结论。调查研究就像"十月怀胎"，决策就像"一朝分娩"。调查研究的过程就是科学决策的过程，千万省略不得、马虎不得。

大力弘扬抗台救灾精神

（二〇〇五年九月十五日）

今年入夏以来，一次又一次的台风侵袭，使人们一次又一次地感受到，这既是一场人力不可抗拒的自然灾害，更是一场弘扬"浙江精神"的伟大斗争。全省广大党员干部和群众在狂风暴雨、波澜壮阔、生死考验中铸就了抗台救灾精神。这包括：以人为本、人民至上的宗旨观念，尊重规律、求真务实的科学态度，万众一心、众志成城的团结意识，相互协作、自立自救的自强信念，公而忘私、敢于牺牲的奉献品格，百折不挠、坚韧不拔、连续作战的拼搏精神，纪律严明、招之即来、来之能战的优良作风，冲锋在前、勇挑重担、关键时刻站得出、危难之际豁得出的英雄气概。这些精神，实实在在地体现了共产党员的先进性，与时俱进地丰富了"浙江精神"，这是我们夺取抗台救灾全面胜利的法宝，也是我们做好各方面工作的强大动力。我们一定要大力弘扬抗台救灾精神，激励灾区干部群众奋起抗灾自救，激励广大党员始终保持先进性，激励全省人民为"干在实处、走在前列"作出新贡献。

完善社会动员机制

（二〇〇五年九月十九日）

面对接二连三的台风肆虐，我们始终坚持以人为本、人民至上的宗旨观念，为了"不死人、少伤人"，各级领导干部到岗到位、靠前指挥，基层广大党员和干部勇挑重担、动员群众，成功实施百万群众大转移，有效保障了人民生命安全，充分体现了社会主义制度的无比优越性。这期间，领导干部与基层干部密切联系，党员干部与广大群众连为一体，本地群众与外来人员同受关注，党委、政府与地方部队协同作战，群众动员与资源动员配套进行，形成了有效防灾减灾避灾的社会动员机制。

能否有效进行社会动员，是对执政能力的现实考验。我们在防台抗台斗争中演练出来、成熟起来并不断完善的社会动员机制，不仅对防灾避险至关重要，而且具有全局性的重大意义，对做好国防动员、处置公共危机，包括处理重大安全事故、疾病灾害、突发事件等，都有借鉴意义。我们要认真总结国内外的经验教训，探索规律，完善预案，依托基层，发动群众，加强日常组织和演练，不断完善社会动员机制，切实提高保障公共安全和处置突发事件的能力。

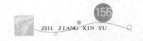

坚持科学维权观

（二〇〇五年九月二十六日）

维护群众合法权益，是工会、共青团、妇联等群团组织的基本职能。当前，在改革与发展的过程中出现的各种利益矛盾和权益纠纷，给群团组织的维权工作带来新的挑战。正如发展要讲科学一样，维权也要讲科学。坚持科学维权观就是科学发展观在维权工作中的体现和要求。

坚持科学维权观，关键是要做到以人为本、依法办事、统筹协调。我们要把实现好、维护好、发展好广大人民群众的根本利益作为一切工作的出发点和落脚点，在各项工作中注重维护群众合法的经济、政治、文化和社会权益。要牢固树立依法执政、依法行政和依法办事的法治理念，把维权工作纳入法治化的轨道，严格执行国家法律法规，同时，教育引导人民群众合法、理性、有序地表达利益诉求，依法维护自身权益。要从构建社会主义和谐社会的高度出发，把维权工作作为加强社会建设和管理的重要内容，建立健全党委领导、政府负责、社会协同、公众参与的社会管理格局，注重发挥工会、共青团、妇联等群团组织的桥梁纽带作用，打破部门分割，整合维权资源，完善维权管理网络，不断提高社会管理和社会服务的能力。

转变经济增长方式的辩证法

（二〇〇五年十一月二十三日）

　　转变经济增长方式，从"九五"时期就已经提出。多年来的实践证明，转变经济增长方式，是解决经济运行中一系列难题的关键，是一个复杂的系统工程，一项长期的战略任务。要真正实现转变经济增长方式的目标，关键是要认识和处理好转变经济增长方式与实现经济增长速度的辩证关系。从长期和根本上看，保持经济平稳较快增长与推进经济增长方式转变具有高度的内在统一性。保持经济平稳较快增长，可以积累更多的物质财富和技术资源，缓解经济社会发展中的矛盾和问题，提供较为宽松的社会环境，为转变经济增长方式创造较好的条件和回旋余地。转变经济增长方式，走节约发展、清洁发展、安全发展、可持续发展的道路，可以大幅度降低单位产出的资源消耗和污染排放，提高经济增长的质量和效益，推动经济运行进入良性循环，从而长期保持经济平稳较快增长。同时，转变经济增长方式有一个从量变到质变的过程，可能会有一个阵痛期，经济增长方式转变还会对经济增长速度带来一定影响。在这个过程中，会在存量和增量两方面影响短期经济增长。存量方面，由于要增加社会和企业在治理环境污染方面的成本，增加企业提高劳动力工资和研发投入带来的成本，会使企业短期效益

下降,甚至有一些企业和产业可能因无法消化这些成本而造成经营困难。增量方面,由于更加严格地控制土地供给,更加严格地限制高能耗行业和禁止高污染行业的发展,可能影响一个地方的投资规模,进而影响到当地的即期经济增长。对此,我们应有充分的思想准备,在制定有关政策、确定有关举措时把握好度,掌握好平衡点,既要防止经济出现大的波动,更要坚定不移地推进经济增长方式转变,真正在"腾笼换鸟"中实现"凤凰涅槃"。

超越自我、完善自我、再造自我

（二〇〇五年十一月二十五日）

民营经济再创新优势、实现新飞跃，要坚持以科学发展观为指导，努力走出一条依托自主创新、营建自主品牌、弘扬自强文化、构建自身特色的新路。

转变经济增长方式是实现科学发展的重要立足点。有前途的企业，总是会把视野拓得很宽，把目光放得很远。民营企业应勇于超越自我，努力做转变增长方式的先锋，从主要依靠先发性的机制优势，向更多依靠制度创新、科技创新和管理创新转变，从比较粗放的经营方式，向更加注重质量和生态的经营方式转变。

提高自主创新能力是转变经济增长方式的中心环节。在知识产权、贸易壁垒和劳资矛盾、资源约束的压力下，民营企业应勇于完善自我，努力做自主创新的主体，加大投入，舍得投入，大力提高原始创新能力、集成创新能力和引进消化吸收再创新能力。

品牌是自主创新能力的重要载体。对品牌资源的创造、占有和运用，已经成为世界各国取得竞争优势和提升综合国力的关键因素。民营经济作为浙江经济的活力和创造力、竞争力所在，要依托制度、技术、管理和文化的创新，在品牌建设上发挥主力军作用，在超越自我、完善自我中再造自我。在此基础上，各方

面共同努力，走出一条从品牌产品到品牌企业，由品牌企业到品牌经济，由品牌经济建设品牌大省的发展之路。

实施素质教育是建设创新型国家的基础

（二〇〇五年十二月七日）

　　全面实施素质教育，是促进人的全面发展的有效保证，也是建设创新型国家的重要基础。对中小学生进行文化教育，不仅要注重科学知识的教授，而且更应重视人文精神的培养。只有科学文化与人文文化的有机交融，才能使一个人真正树立科学精神，"活化"所学知识，正确认识世界，能动改造世界。

　　党的十六届五中全会突出强调自主创新的重要性，把建设创新型国家作为一项重大的战略任务，同时也强调要在全社会形成推进素质教育的良好环境。自主创新的基础就在于素质教育。基础教育要做到以人为本，就是要加强素质教育，不仅使学生德智体美全面发展，而且使学生的人格、个性也得到和谐发展；不仅要开发学生的智力，而且要培养学生的创新和实践能力；不仅要"授之以鱼"、教授学生"学会"，而且要"授之以渔"、教授学生"会学"；不仅要教学生学习文化知识，而且还要教学生懂得立身做人的基本道理，使学生心智健全、人格完善、体格健康，得到全面发展和整体发展。

区域协调发展要注重抓"两头"

（二〇〇五年十二月九日）

　　缩小地区发展差距，实现区域协调发展是我省"十一五"时期的一项重大历史任务。要实现这一任务，必须贯彻落实科学发展观，注重抓"两头"，把促进发达地区加快发展与欠发达地区跨越式发展有机统一起来。跨越式发展不是指更快的速度、更大的总量，而是指在发展过程中跨越传统发展模式中的某个甚至某几个阶段。就我省欠发达地区而言，既没有走传统工业化路子的资源和条件，其生态环境特点也不允许再走那种粗放式经营的老路，必须努力跨越传统工业化过程中的某些阶段，在节约生产、清洁生产、安全生产的高起点寻求新的发展。发达地区经济总量大，占全省经济比重高，是我省综合实力和区域竞争力的主要体现。同样，发达地区加快发展的目标是好中求快，又快又好。这样既可以更好地发挥带动和引领全省经济发展的重要作用，又可以更好地支持欠发达地区实现跨越式发展，从而推动全省区域协调发展。

着力调整投资和消费的关系

（二〇〇五年十二月十二日）

着力形成协调、均衡的投资和消费关系，有效发挥投资和消费对经济的双重拉动作用，是贯彻扩大内需方针的题中之义，也是一个国家和地区在进入工业化中后期之后需要解决的重大问题。马克思在《资本论》中论述两大部类的关系时就曾指出，居民消费规模决定投资规模，投资规模决定生产规模，所以居民的最终消费才是经济增长的原动力。运用这一基本观点分析浙江的发展实际，我省在工业化发展初期的高投入虽然有效支撑了经济的高增长，推动了产业升级和基础设施的改善，但投资率长期偏高，消费率相对偏低，投资和消费比例失调，则会形成增长过分依赖于投资的局面，引起生产、分配、消费等宏观领域的一系列问题。从目前浙江居民收入水平、消费升级现状、市场需求潜力等方面来看，我省正处于由投资推动型增长向投资和消费双推动型增长的转折期。根据发达国家的经验，一个地区的居民一旦进入以住行为主的消费阶段，如能因势利导，将成为带动整体经济增长的强劲动力，形成较长时期的景气繁荣。

当然，扩大居民消费需求，不像启动投资需求那样立竿见影，而要有一个过程。当前，宏观调控已经在调整投资和消费关系上取得了明显成效，出现了投资降而优化、

消费升而扩大的趋势。我们要进一步调整政策,制定措施,特别是要通过加大财政转移支付力度等手段,努力缩小居民之间、城乡之间、地区之间的收入差距,把增加居民消费特别是农民消费作为扩大消费需求的重点,着力提高农村、欠发达地区和低收入群体的消费能力;进一步完善社会保障体系,降低居民未来预期支出,扩大即期消费需求,让老百姓敢于花钱消费;进一步深化改革,消除抑制消费的不利因素,搞好消费服务,完善消费信贷,加快社会信用体系建设,使广大消费者放心消费、乐于消费、安全消费。

调查研究要点面结合

（二〇〇六年一月九日）

调查研究是一门致力于求真的学问，一种见诸实践的科学，也是一项讲求方法的艺术。在现代社会分工多样化、利益多元化的背景下，社会各方面的差异日益突出。在这种情况下，各级党委、政府进行决策所需要的信息大量增加，这就要求我们掌握尽可能多的情况，善于从大量的个体情况中找到一般规律，从整体上把握客观事物，从而作出正确的决策。对过去蹲点调查、"解剖麻雀"等方法，要学习、要弘扬，同时又要不断改进方法和手段。既要抓点、搞好典型调查，也要注重调查研究对象的广泛性，不能以点盖面，以偏概全，只见树木，不见森林。毛泽东同志很重视典型调查，是进行典型调查的行家里手，但是他也审慎地看到典型调查成果适用范围有限，告诫我们"不要陷于狭隘的经验论"。

对于领导干部来说，个人的时间和精力有限，即使花再多的时间亲力亲为，也难免有其局限性，难以保证调查研究的对象有足够的广泛性和代表性。要解决这个矛盾，一方面要遵循调查研究的特点和规律，掌握科学的调研方法，提高调查研究的效率和效益，以尽可能少的时间获得尽可能多的有效信息；另一方面要充分发挥各地各部门特别是综合调研部门的作用，充分调动社会各界的

研究力量，充分运用现代化的信息手段，多层次、多方位、多渠道地了解情况，做到点面结合、上下结合、内外结合，使决策建立在充足的事实依据之上。

"三化"带"三农"，城乡共繁荣

（二〇〇六年一月二十三日）

农业与二、三产业、城市与农村存在着非常紧密的依存关系。工农关系、城乡关系始终是现代化建设进程中必须处理好而又容易出偏差的一个具有全局意义的问题。建设社会主义新农村，必须深入贯彻胡锦涛总书记关于"两个趋向"的重要论断，一手抓工业化、城市化、市场化的健康推进，一手抓统筹城乡发展，充分发挥"三化"对"三农"的带动作用。这几年，浙江大力实施统筹城乡发展方略，加快先进制造业基地建设和城市化进程，以中心城市、中心镇和块状特色经济的发展壮大带动产业和人口的集聚，使全省四分之三的农村劳动力转移到二、三产业就业，成为推动工业化、城市化的生力军；以新型工业化带动农业现代化，以现代产业发展的理念经营农业，以先进的装备设施来武装农业，以农产品加工流通的龙头企业来带动农业，积极鼓励和引导工商企业特别是民营企业投资农业，形成了一大批农业龙头企业；积极调整国民收入分配格局，加大公共财政向农村倾斜，加快城市基础设施向农村延伸，加速公共服务向农村覆盖，形成了城乡互动互促的机制，有力促进了城乡一体化发展。实践表明，工业化、城市化、市场化和农业农村现代化的互促共进，是从根本上解决"三农"问题的不二法门，是城乡共同发展、共同繁荣的康庄大道。

科技创新是建设节约型社会的关键

（二〇〇六年一月二十五日）

通过科技创新和技术革新节约成本、降低消耗，是我们国家从社会主义建设初期就形成并保持下来的一个好做法、好传统。在社会主义市场经济条件下，在以信息技术、新能源、新材料、生物工程等高新技术引领科技潮流的背景下，我们建设节约型社会，更要以推进创新型国家建设为契机，通过科技创新来降低生产、消费、流通等各个领域的资源消耗。现代社会早就告别了烟囱林立的"大工业时代"，进入了信息化时代。节约资源，特别是节约不可再生资源成为现代科技发展最突出的特征和最重要的目标。我们建设节约型社会，就要健全政府支持、企业主导、产学研结合的技术研究和开发体系，加大对资源节约和循环利用关键技术的攻关力度，努力突破技术瓶颈，构建节约资源的技术支撑体系。在节约方面的技术创新，一方面，要眼睛向内，大力推广已有的技术，使之真正发挥效用。另一方面，要眼睛向外，注重对引进技术的系统集成和综合创新，不求所有，但求所用。同时，要充分发挥人才在技术创新中的关键作用，加快科技成果向现实生产力转化，使经济发展真正走上依靠科技进步和提高劳动者素质的轨道。

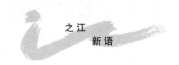
结构调整是建设节约型社会的根本

（二〇〇六年二月七日）

建设节约型社会是一项复杂的系统工程，涉及很多工作和很多方面。其中，经济结构的优化升级是最大的节约，是建设节约型社会的根本途径。粗放型增长方式要消耗大量的资源能源，可谓之"暴饮暴食型经济成长"，就如"暴饮暴食"，不仅浪费食物、暴殄天物，终将消化不良、自损健康。但反过来看，从粗放型增长转变为集约型增长的过程，蕴涵着建设节约型社会的巨大潜力。因此，我们建设节约型社会，既要从点滴抓起，从身边做起，发挥节约的累积效应和长期效应，但也不能"只见树木，不见森林"，还要注重从整体入手，从宏观入手，牢牢抓住结构调整和增长方式转变这个建设节约型社会的根本。在生产领域，要建立以节地、节水为中心的资源节约型农业生产体系，走新型工业化道路，着力调整投资结构，优化各种生产要素的投入比例和投入方式，加快发展服务业和高新技术产业，用先进适用技术改造提升传统产业，严格控制高耗能、高耗材、高耗水产业的发展，坚决淘汰严重耗费资源和污染环境的落后生产能力，努力形成有利于资源持续利用和环境保护的产业结构，推动经济社会发展实现良性循环。在消费领域，要大力倡导合理消费、适度消费的消费观念和消费行为，使节能、节水、节材、节

粮、垃圾分类回收、减少使用一次性用品等,成为全社会的自觉行动,逐步形成文明的节约型消费模式。在城乡建设领域,要充分考虑资源条件和环境承载能力,节约和集约使用土地、淡水、能源等资源,严格控制建设用地,建设节约型的住宅建筑和交通运输体系。只有宏观和微观两个层面都管住,建设节约型社会才能取得扎扎实实的成效。

深化改革是建设节约型社会的动力

（二〇〇六年二月九日）

从经济学的角度来看，节约资源最有效的方式就是利用充分反映供求关系的价格机制，达到对资源性产品的优化配置。目前，资源浪费的一个重要原因，就是反映资源性产品稀缺程度和供求关系的价格形成机制尚未建立起来。资源性产品的价格偏低，使企业对过高的资源消耗敏感不够，使其相当部分利润来自低成本的资源和劳动力，导致企业在技术创新、管理创新，形成和提升核心竞争力方面缺乏压力和动力。所以说，价格是市场经济条件下资源配置效率的"牛鼻子"，抓住了它，就抓住了矛盾的主要方面。当然，水价、电价和油气等资源价格改革，在生产经营性领域和生活消费性领域是有所不同的。对于前者来说，要充分发挥市场机制和经济杠杆的作用，有针对性地消除导致产业结构低度化和经济增长方式粗放型的体制性根源，建立能够反映资源稀缺程度的价格形成机制。通过深化改革和制度创新，把节约资源转化为发展的动力和内在的约束，使节约者在市场竞争中获得更多的利益和机会，使浪费者付出更大的成本和代价。对于后者来说，由于收入差距的存在，不同收入人群对价格的敏感程度是不一样的。如果一味强调配置效率，其价格就不能被低收入人群所接受，还需要按照社会公平原则制定有关配套措施，对低收入人群的生活给予必要的保障。

加强监管是建设节约型社会的保障

（二〇〇六年二月十三日）

　　目前，我们在资源开采、储运、生产、消费等各个环节还存在着大量损失浪费现象。其中一个重要的原因就是管理松懈，监督不力。通过加强管理监督来实现节约，既有十分巨大的潜力，也是最直接、最有效的办法。要抓紧制定和完善促进资源节约使用、有效利用的法律法规，建立健全各项规章制度，弥补体制、机制以及法律法规等方面的诸多漏洞，坚持科学管理和严格管理，切实改变土地、水、能源等各种资源的浪费现象。制定更加严格的节约标准，并通过有效监管加以落实，奖励节约，惩罚浪费。建立强制淘汰制度，完善市场准入制度，建立新上建设项目的资源评价体系。还要进一步加大资源保护和节约的执法力度，严肃查处各种破坏和浪费资源的违法违规行为。

机关表率是建设节约型社会的重点

（二〇〇六年二月十五日）

机关带头节约资源，既是建设节约型社会的重点任务，又是加强机关效能建设的重要内容。各级机关在节约上存在着巨大潜力，通过管理体制改革完全可以实现大幅度的节约。必须认识到，"浪费也是腐败，节约也是政绩"。机关的办公费用都是来自于纳税人，每花一分钱都要倍加珍惜、精打细算，这是对社会公共财富的节约，对人民群众劳动成果的尊重，这也体现国家公务人员应具有的品格和道德。机关要在建设节约型社会中走在全社会前列，自觉做资源节约的表率，从自己做起，从现在做起，从身边点滴事情做起，厉行节约，反对浪费。要抓好机关建筑物和办公系统节能改造以及公务车节能，抓紧建立科学的绩效评估体系，将资源节约责任和实际效果纳入各级机关目标责任制和干部考核体系中。

多读书，修政德

（二〇〇六年二月十七日）

我们国家历来讲究读书修身、从政以德。古人讲，"修其心、治其身，而后可以为政于天下"，"为政以德，譬如北辰，居其所而众星拱之"，"读书即是立德"，说的都是这个道理。传统文化中，读书、修身、立德，不仅是立身之本，更是从政之基。按照今天的说法，就是要不断加强党员领导干部的思想道德修养和党性修养，常修为政之德、常思贪欲之害、常怀律己之心，自觉做到为政以德、为政以廉、为政以民。

"为政之道，务于多闻。"我们的文化传统中包含了丰富的廉政文化理念和文化实践。要修炼道德操守，提升从政道德境界，最好的途径就是加强学习，读书修德，并知行合一，付诸实践。广大党员干部要养成多读书、读好书的习惯，使读书学习成为改造思想、加强修养的重要途径，成为净化灵魂、培养高尚情操的有效手段。要真正把读书当成一种生活态度、一种工作责任、一种精神追求、一种境界要求，使一切有益的知识、一切廉洁的文化入脑入心，沉淀在我们的血液里，融会到我们的从政行为中，做到修身慎行，怀德自重，敦方正直，清廉自守，拒腐蚀、永不沾，永葆共产党员的先进性。

激浊扬清正字当头

（二〇〇六年二月二十日）

　　清代思想家顾炎武在《与公肃甥书》中说："诚欲正朝廷以正百官，当以激浊扬清为第一要义。"这就是说，要兴国安邦正百官，要稳社固稷泽百姓，就必须惩恶扬善，扶正祛邪，弘扬正气。文官不爱钱，武官不惜命，国家才有希望，社稷才能稳固。

　　当前，我们正处于体制转轨、社会转型的重要历史时期，社会利益关系更为复杂。在各种利益冲突和矛盾面前，党员干部就应坦荡做人，一心为民，视民为根，具有"利归天下，誉属黎民"的淡泊情怀，努力造福一方、平安一域。党员干部如果失去律己之心，随波逐流，趋利媚俗，放纵自己，就会混淆是非，走上邪路，使国家陷入"政息宦成，人亡政息"的历史周期律。所以，我们一定要始终保持先进性，以"富贵不能淫，贫贱不能移，威武不能屈"的大丈夫气节，做到身在顺境而不骄纵，身处逆境而不失志，宠辱不惊，处变不乱，扎实工作。

　　"子率以正，孰敢不正。"党员领导干部正字当头，发挥示范引导作用，才能在全社会进一步形成褒扬正气、贬抑邪气，尊崇廉洁、鄙弃腐化的良好社会氛围。

敬业乐业为美德

（二〇〇六年二月二十二日）

敬业是一种美德，乐业是一种境界。朱熹说："敬业者，专心致志以事其业也。"对待本职工作，应常怀敬畏之心，专心、守职、尽责，干一行、爱一行、钻一行，尽心竭力、全身心地投入。要精其术，不拘泥于以往的经验，不照搬别人的做法，力求做得更好，成为本行业的行家里手。人生不满百年，做的也就是那么些事。做一件事情，干一项工作，应该创造一流，力争优秀。要竭其力，对待事业要有愚公移山的意志，有老黄牛吃苦耐劳的精神，着眼于大局，立足于小事，真抓实干，务求实效，努力在平凡的岗位上做出不平凡的业绩。要乐其业，对工作有热情、激情，始终保持良好的精神状态，把承受挫折、克服困难当作是对自己人生的挑战和考验，在克服困难、解决问题中提升能力和水平，在履行职责中实现自身的价值，在对事业的执著追求中享受工作带来的愉悦和乐趣。

乐 在 人 和

（二〇〇六年二月二十四日）

祈盼和顺、崇尚和美、追求和谐，是中华民族的优良传统和高尚品德。古往今来，"人和"理念一直都为有识之士奉为圭臬。诸如"天时不如地利，地利不如人和"，"愿同尧舜意，所乐在人和"，等等，这些诗词、俗语，都充分体现了"人和"之德、"人和"之贵、"人和"之乐。

我们所说的"人和"，包括了和谐、和睦、和善、祥和等含义，蕴涵着和以处众、和衷共济、和谐和美、政通人和等深刻的处世哲学和人生理念。实践反复证明，团结就是力量，人和才能政通。同志之间、上下级之间以及部门之间以"人和"为乐，以团结为贵，以协作为重，是事业成功的关键。机关的党员干部，更需讲团结、顾大局，正确对待自己和别人，与人为善，常怀善念，广结善缘。当然，工作和生活中也难免产生一些意见、隔阂、矛盾，对原则问题应当理直气壮地坚持正确立场，但在具体生活中许多矛盾都不是因原则问题而引发的，对此则应讲风格，讲胸怀，不去斤斤计较，多想着人家的好处，互相尊重、互相支持，在相互配合中加深了解，在合作共事中增进团结，努力营造一心一意干工作、尽心竭力谋发展的良好氛围。

做人做事要力戒浮躁

（二〇〇六年二月二十七日）

古人云："心浮则气必躁，气躁则神难凝。"这说的是做人不踏实，做事不扎实，志大才疏，急功近利。领导干部如果产生浮躁之气，从浅层次看是一种情绪、一种心理状态，从深层次看，则是为官从政的一种不良作风。浮躁祸国殃民，贻害无穷，必须戒此顽疾。

"非淡泊无以明志，非宁静无以致远。"力戒浮躁，最根本的是要坚守做人的操守和从政的道德，树立正确的世界观、人生观、价值观，树立正确的权力观、地位观、利益观，正确对待名利地位，正确看待进退留转，淡泊处世，静心思考，磨炼意志，砥砺志趣，耐得住寂寞，守得住清贫，"静而后能安，安而后能虑，虑而后能得"。能够负重，方能担当重任。力戒浮躁，还要大力倡导实干精神，大兴求真务实之风。工作靠实，事业靠干。讲实话是硬本事，干实事是真功夫。我们每一位党员干部，都要把个人进步与党的事业联系起来，脚踏实地、踏实工作，讲真话、报实情，不夸夸其谈、不脱离实际，扎扎实实干出实绩，实实在在让群众满意。

求知善读，贵耳重目

（二〇〇六年三月一日）

在建设学习型社会、创新型社会中，领导干部要做学习和实践的表率，既要求知善读，又要贵耳重目。

"吾生也有涯，而知也无涯"。对学习的追求是无止境的，既需苦学，还应"善读"。一方面，读书要用"巧力"，读得巧，读得实，读得深，懂得取舍，注重思考，不做书呆子，不让有害信息填充我们的头脑；另一方面，也不能把读书看得太容易，不求甚解，囫囵吞枣，抓不住实质，把握不住精髓。

读书客观上是一个去粗取精、去伪存真的过程，必须联系实际、知行合一，通过理论的指导，利用知识的积累，来洞察客观事物发展的规律。古人讲"纸上得来终觉浅，绝知此事要躬行"，"耳闻之不如目见之，目见之不如足践之"等，说的就是这个道理。尤其是领导干部作决策、下指示，往往需要大量客观、真实、有效的信息。这就更需要向实践求知，善读社会这部书，进一步加强调查研究，问计于基层，问计于群众，在耳闻、目见、足践之中见微知著、管窥全豹，获得真知灼见，形成正确思路，作出科学判断。学之思之、闻之见之，领导干部对一方的情况就有了话语权。

勇攀科学发展高峰

（二〇〇六年三月三日）

当前，我们正面临发展模式上的转折，也就是由单纯追求经济增长转变为谋求经济社会的全面协调可持续发展，走上科学发展轨道。这是一个渐进、艰难的过程，用"坎理论"来描绘，就是要过关卡、上台阶。这好比爬山越岭，上了一定的高度就过了一个坎，然后又要面对另一个高度，过更高的坎。经济社会的发展，何止一座山一道坎，恰如宋人杨万里诗云："莫言下岭便无难，赚得行人错喜欢。正入万山圈子里，一山放出一山拦。"

现在，我们面临的任务就是不畏艰难险阻，登上科学发展这座山。这是一座陡峻的山，风光旖旎但又险象环生。一路上，我们还要带着沉重的行李装备，要带着武器防野兽，要吃饭喝水补充能量，要扶老携幼照顾弱者，甚至连废弃物也不能随便乱扔。而且要冲之地、平坦之径均已为人所据，同别人相比，我们路更险，行更艰。因为要开辟前人所未走之路；因为不仅需保持健康，而且要变得更为强壮；因为我们已经落后，赶超别人就要与时间赛跑。此时，山越陡，路越险，情况越复杂，就越能磨炼我们的意志，提升我们的能力和水平。我们只有披荆斩棘，踏尽崎岖，在万山中奔走，在群峰中奋进，才能勇攀科学发展高峰。

从"两只手"看深化改革

（二〇〇六年三月十七日）

改革开放以来，浙江率先初步建立并不断完善调动千百万人积极性的市场经济体制，在繁荣民营经济、壮大国有经济、促进社会结构转型方面都取得了很大成就。有人说，浙江经济就是老百姓经济，但是老百姓经济并不是说党委、政府是无所作为的，恰恰是党委、政府尊重群众的首创精神，稳步推进了市场取向的改革，使浙江的市场化程度走在了全国前列。深化市场取向的改革，关键是要处理好政府与市场的关系，即"看得见的手"与"看不见的手"这"两只手"之间的关系。在计划经济体制下起作用的只有政府这一只手，所以在改革初期重点是突出市场这只手，发挥市场配置资源的基础性作用。随着改革的不断深入，要切实转换政府这只手的职能，把政府职能切实转换到"经济调节、市场监管、社会管理、公共服务"上来，努力建设服务型政府、法治政府，发挥好、规范好、协调好这"两只手"的关系。改革逐步推进到一定的时候，"两只手"应该是这样的关系：比如，在经济社会协调上，市场这只手更多地调节经济，政府这只手则强化社会管理和公共服务的职能；在经济运行上，市场这只手调节微观领域的经济活动，政府这只手用来制定游戏规则、进行宏观调控；在公平与效率上，市场这只手激活效率，

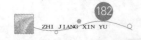

政府这只手则更多地关注公平；在城乡发展上，城市的发展更多地依靠市场这只手的作用，农村的发展则由政府这只手承担更多的职能。当然，这是需要一个过程的，但必须沿着这个方向，不断深化改革。

从"两只鸟"看结构调整

（二〇〇六年三月二十日）

改革开放以来，浙江的工业化从低门槛的家庭工业、轻小工业起步，能够发展到现在的规模水平，实属不易。但是，它也有结构层次比较低、经营方式比较粗放的先天不足，有先天不足就必然导致成长中的烦恼。特别是这些年，随着经济总量的不断扩大，面临着资源要素的制约、生态环境的压力、内外市场的约束。所以，必须从科学发展观的要求出发，推进经济结构的战略性调整和增长方式的根本性转变。这方面的工作十分繁重，概括起来主要就是两项内容，打个通俗的比喻，就是要养好"两只鸟"：一个是"凤凰涅槃"，另一个是"腾笼换鸟"。所谓"凤凰涅槃"，就是要拿出壮士断腕的勇气，摆脱对粗放型增长的依赖，大力提高自主创新能力，建设科技强省和品牌大省，以信息化带动工业化，打造先进制造业基地，发展现代服务业，变制造为创造，变贴牌为创牌，实现产业和企业的浴火重生、脱胎换骨。所谓"腾笼换鸟"，就是要拿出浙江人勇闯天下的气概，跳出浙江发展浙江，按照统筹区域发展的要求，积极参与全国的区域合作和交流，为浙江的产业高度化腾出发展空间；并把"走出去"与"引进来"结合起来，引进优质的外资和内资，促进产业结构的调整，弥补产业链的短项，对接国际市场,从而培育和引进吃得少、产蛋多、飞得高的"俊鸟"。实现"凤凰涅槃"和"腾笼换鸟",是产业高度化发展的客观趋势和必然选择。这种对更高境界的不懈追求,也是"浙江精神"在新时期的生动体现。

从"两座山"看生态环境

（二〇〇六年三月二十三日）

　　我们追求人与自然的和谐、经济与社会的和谐，通俗地讲，就是要"两座山"：既要金山银山，又要绿水青山。这"两座山"之间是有矛盾的，但又可以辩证统一。可以说，在实践中对这"两座山"之间关系的认识经过了三个阶段：第一个阶段是用绿水青山去换金山银山，不考虑或者很少考虑环境的承载能力，一味索取资源。第二个阶段是既要金山银山，但是也要保住绿水青山，这时候经济发展与资源匮乏、环境恶化之间的矛盾开始凸显出来，人们意识到环境是我们生存发展的根本，要留得青山在，才能有柴烧。第三个阶段是认识到绿水青山可以源源不断地带来金山银山，绿水青山本身就是金山银山，我们种的常青树就是摇钱树，生态优势变成经济优势，形成了一种浑然一体、和谐统一的关系。这一阶段是一种更高的境界，体现了科学发展观的要求，体现了发展循环经济、建设资源节约型和环境友好型社会的理念。以上这三个阶段，是经济增长方式转变的过程，是发展观念不断进步的过程，也是人与自然关系不断调整、趋向和谐的过程。把这"两座山"的道理延伸到统筹城乡和区域的协调发展上，还启示我们，工业化不是到处都办工业，应当是宜工则工，宜农则农，宜开发则开发，宜保护则保护。这"两座山"要作为一种发展理念、一种生态文化,体现到城乡、区域的协调发展中,体现出不同地方发展导向的不同、生产力布局的不同、政绩考核的不同、财政政策的不同。

从"两种人"看"三农"问题

（二〇〇六年三月二十七日）

"三农"问题的本质是农民问题。由于城乡二元的体制结构，国民分成了两种身份，一是城市居民，一是农民。城乡差别是客观存在的，但城乡二元成为一种体制，就人为地造成了农民与市民的身份差别。这种体制是历史造成的，有历史的合理性，突破这个体制目前还有很大的难度，不可能一蹴而就。要从根本上解决这个问题，不可能把所有的农民都搬到城里来，让农民都变成市民，而必须按照胡锦涛总书记提出的"两个趋势"的重要论断，在加快工业化、城市化，减少农民的同时，统筹城乡发展，通过建设社会主义新农村，把公共资源的投入由城市为主更多地向农村倾斜，把传统农业改造建设为具有持久市场竞争力，能持续致富农民的高效生态农业，把传统的村落改造为让农民也能过上现代文明生活的农村新社区，把传统的农民改造为适应生产分工发展要求的高素质的新型农民，推进农村的经济、政治、文化和社会"四位一体"的建设，实现"生产发展、生活宽裕、乡风文明、村容整洁、管理民主"，让农民共享发展成果，共享现代文明。通过这样一个全方位的发展和变革，逐步消除农民与市民在实质上的差别和身份上的巨大落差，而只是社会职业分工的不同。这是我们努力的方向，也是最终一定能够实

现的目标。当然,无论发展到什么程度,城乡始终是有差别的,有些方面如交通信息等城市会优于农村,有些方面如生态环境等农村又会优于城市,但终极的目标应当是,虽有城乡之别,而少城乡之差。

重中之重是"三农"

（二〇〇六年四月十二日）

解决好"三农"问题是全党工作的重中之重。建设社会主义新农村，就是落实"重中之重"要求的理论归宿和实践选择。我们一定要全面准确地学习领会这一重大命题的深刻含义，把"重中之重"的要求真正落实在思想上、行动上、措施上。具体地说，就是要在谋划发展战略上，把建设新农村作为重中之重；在工作部署上，把推进新农村建设作为重中之重；在深化改革上，把建立有利于新农村建设的体制机制作为重中之重；在政府财力安排上，把支持新农村建设作为重中之重；在生产要素配置上，把引导劳动、知识、技术、管理和资本流向新农村建设作为重中之重；在组织领导上，把加强和改进党对新农村建设的领导作为重中之重；在政绩考核上，把建设新农村的成效作为衡量干部政绩的重中之重。

以发展强村

（二〇〇六年四月十四日）

　　农业、农村和农民问题是一个有机整体,解决"三农"问题必须立足于农业这个基础、农村这个主战场、农民这个核心,促进农业农村的发展。科学发展观强调的首先是发展,新农村建设作为落实科学发展观的重大举措,就是要抓住发展不放松,围绕发展做文章,加快发展见成效。众所周知,在工业化、市场化、城市化的进程中,农业占国民经济的比重会有所下降,这是经济发展的一般规律。但是不能以为工业和服务业越发展,农业就越成为一种萎缩的产业。必须清楚地认识到,虽然农业增加值占国内生产总值的比重下降了,但是农业在国民经济体系中的地位和作用没有下降,农业本身会得到更快更好的发展,农业生产力会得到更大的解放,农民的利益会得到更好的实现,这也是经济发展的一般规律,而且是社会发展的一般规律。农业是安天下稳人心的产业,始终是国民经济的基础。粮食生产任何时候都不能放松,解决吃饭问题始终要靠农业;农业生产性收入是农民收入的重要组成部分,农民增收仍然可以依靠农业,使农民通过经营农业来增收。我们一定要立足于我省基本实现全面小康的大局,认清经济社会发展的内在规律和农业农村发展的必然要求,把以发展强村作为新农村建设的第一要务，用现代发展理念指导农业，抓住当前科技进步、产业重组、生产要素转移加快的机遇，建立现代生产要素流向农业、现代生产方式改造农业的有效机制，着力转变农业增长方式，促进农业与工业、农业与服务业的融合，不断提高农业的产业化、国际化、现代化水平。

靠建设美村

（二〇〇六年四月十九日）

在传统的农业社会，农村是大多数人生活、繁衍的居所。在许多诗人的笔下，农村有着恬静诗意的田园风光，故而使哲学家发出"人，诗意地栖息在大地上"的感慨。而在人类进入工业社会以来，有相当一个时期，农村环境遭到了破坏，农村建设被人们所忽视，这种破坏和忽视最终阻碍了经济社会的发展，使人们付出了很大代价。许多国家在现代化进程中都遭遇到了这个问题，是否能很好地解决这个问题，也成为检验一个国家最终能否实现现代化的重要标志。今天，我们党作出建设社会主义新农村的重大决策，同样把村容村貌的改变作为一个重要内容。这一历史性任务，有着丰富的内涵和鲜明的特色。具体来说，就是要坚持以人为本，遵循客观规律，尊重农民意愿，推进包括整治村庄环境、完善配套设施、节约使用资源、改善公共服务、提高农民素质、方便农民生产生活在内的各项建设，加快传统农村社区向现代农村社区转变。既要把新社区建设与城市化建设统筹起来，又要防止盲目照抄照搬城镇小区建设模式，防止搞不切实际的大拆大建，防止搞劳民伤财的形象工程，防止贪大求洋，导致农村传统文化的失落。近几年，我省通过实施"千村示范、万村整治"等一系列工程，已经为此打下了较

好的基础,积累了较多的经验。下一步,我们还要深入推进农村社区设施、环境、文化、教育、卫生、福利、管理等方面建设,努力形成布局合理、环境整洁、生态文明、服务健全、文化丰富、管理民主、生活舒适的农村新社区,为广大农民建设更加美好的新家园。

抓反哺富村

（二〇〇六年四月二十一日）

"三农"工作必须遵循"两个趋势"的转换规律，形成"以工促农、以城带乡"的工作机制。新农村建设之所以"新"，很大程度上就在于跳出了就农村抓农村，就农业抓农业的思路，提出了以反哺富村、以反哺强农、以反哺利民的新思路。我们常说：无农不稳，无工不富。现代工业和服务业具有比农业高得多的生产率，创造了大部分的社会财富，这是一个不争的事实。但是工业、服务业的"富"要建立在农业农村"稳"的基础上，只有农业农村稳步致富，工业、服务业的发展才能持续致富。随着社会主义新农村建设的全面展开和深入推进，关于反哺的思想和方针已经深入人心，日益成为各级党委、政府和广大干部群众的普遍共识。在工作实践中，要注重把握反哺的具体形式，针对不同的地区和对象提供不同的反哺方式，努力提高反哺的效益。要注重把握反哺的互动过程，反哺不是一个单向的过程，本身也是有利于加快工业、服务业发展的，不能把反哺单纯地看做是一种施舍，而要把它作为一个共赢的事业来做。只要农村经济能够持续发展，农民收入能够持续增长，我们就不愁发展空间。所以，建设社会主义新农村绝不仅仅是为了农业、农村发展和农民富裕，而是关系到国家长治久安和民族伟大复兴

的重大战略部署。这是一着"活棋",这步棋走好了,就能够带动内需和消费。要注重把握反哺的重点领域,特别要突出反哺农村的社会事业和欠发达地区的农村,通过重点突破,全面推动,使新农村建设的阳光普照浙江农村大地,使新农村建设的政策普惠浙江广大农民。

促 改 革 活 村

（二〇〇六年四月二十四日）

浙江是全国改革的先行地区，农村是浙江改革的先发领域。建设社会主义新农村，也要把改革作为推进各项工作的动力源泉，作为解决各类问题的主要途径。近年来，我省在全国率先进行了农村税费改革，取消了农业税，这是减轻农民负担的重要举措，是对国民收入再分配格局进行的重大调整，也是新一轮农村改革的开局之棋。围绕新农村建设的目标任务，农村综合改革是一个涉及乡镇机构、县乡财政体制、户籍管理、劳动就业、征地制度、农村金融、教育卫生等在内的系统工程，是对工农之间、城乡之间利益分配格局的全面调整和优化。可以说，农村综合改革已经远远超出了农业农村的范围，它的内容更加丰富，领域更加广泛，过程也更加复杂。推进农村综合改革，要着眼于城乡一体化发展的新格局，努力构建促进"以工促农、以城带乡"的体制机制。要着眼于激发农村的发展活力，保障农民的经济、政治、文化权益，充分发挥农民的积极性。要着眼于农村改革和其他改革的有机联系，以及农村综合改革各项任务之间的内在统一，从整体上推进各项改革，为新农村建设提供不竭的动力。

讲文明兴村

（二〇〇六年四月二十六日）

　　建设社会主义新农村，人是最活跃的因素，最关键的内容，最基本的前提。新农村建设是一项全面的建设任务，不但要抓硬件，还要抓软件；不但要有新农村，还要有新农民；不但要推进经济建设，还要推进政治、文化和社会建设。其核心就是人，归宿也都是人。美国农业经济学家舒尔茨曾经提出一个著名论断：现代化的过程是"人的经济价值不断提高的过程"。这句话的确切含义，是指在现代化的过程中，人通过创造更多的经济价值提高了自身价值。借用这一理论，建设新农村也应该是农民的自身价值、自身素质不断提高的过程。如果我们改变了农村的外在面貌，却没有改变农民的精神面貌，那么新农村建设还是在低层次开展。只有在建设农村、发展农业的同时，用现代文明、先进理念武装农民、提高农民，努力使农民成为具有新理念、新思想、新知识、新文化、新精神、新技能、新素质、新能力的新型农民，新农村建设才具有更加深远的意义和更加长久的活力，才能取得真正的成效。鉴于此，我们要把"讲文明兴村"放到新农村建设的重要位置来抓，积极开展以"八荣八耻"为主要内容的社会主义荣辱观教育，建立健全培训农民、增强素质的长效机制，从而促进农村人口优势向人力资本优势转变。

建法治安村

（二〇〇六年四月二十八日）

　　农村稳才能天下稳。我国著名社会学家费孝通先生在《乡土中国》一书中提出,传统的中国农村是靠推行"礼治秩序"来进行治理、实现稳定的。这种以传统伦理纲常为主要内容的"礼治秩序"在我国农村维持了几千年,至今还在一定程度上影响着农民的思想和行为。如今的中国农村,已经发生了翻天覆地的变化,农民的生产生活方式和思想观念有了很大的进步。在建设社会主义新农村的新形势下,要实现农村的和谐稳定和长治久安,就必须继续加强思想道德建设,深入开展以"八荣八耻"为主要内容的社会主义荣辱观教育,用社会主义先进文化教育人、引导人、激励人。同时,坚持德治与法治并举,建立一种符合农村经济社会发展要求的"法治秩序"。就我省来说,在近两年"平安浙江"的创建中,突出抓了农村基层方面的工作,推动了农村法治建设。在建设新农村的过程中,我们要结合推进"平安浙江"和"法治浙江"建设,健全党组织领导的充满活力的村民自治机制,完善全方位的普法教育体系,进一步提高农村群众的法制观念和法律素质,进一步提高农村社会管理的法治化水平,以此为新农村建设各项任务的落实提供良好的法治保障。

强班子带村

（二〇〇六年四月三十日）

村级党组织是党在农村全部工作的基础。在推进社会主义新农村建设的过程中，要选准配强村级党支部班子，切实把那些政治素质好、品德作风正派、处事公正公平、勇于创新、能带领农民群众增收致富的能人选进班子，培养一大批优秀的农村基层干部。这既是增强农村基层组织、发挥战斗堡垒作用的基础，也是推进社会主义新农村建设的关键。强班子必须贯彻到认识上，抓好正在开展的农村保持共产党员先进性教育活动，努力提高农村基层干部对上对下高度负责的精神和强烈的责任感。强班子必须体现到精神上，大力弘扬与时俱进的浙江精神，充分发挥基层干部的能动性和创造性，引导基层干部爱民树风范、甘于作奉献。强班子必须落实到能力上，在建设新农村的实践中不断增强带领群众发展经济、增收致富的本领，立足村情，发挥优势，大胆探索，加快发展。

"四位一体"的辩证统一

（二〇〇六年五月八日）

建设"法治浙江"与党的十六大以来省委作出的深入实施"八八战略"、全面建设"平安浙江"、加快建设文化大省、加强党的执政能力建设和先进性建设等重大决策部署，有机构成了我省经济、政治、文化和社会建设"四位一体"的总体布局。在这个总体布局中，深入实施"八八战略"是落实科学发展观的总抓手，全面建设"平安浙江"是构建和谐社会的主要载体，加快建设文化大省是发展社会主义先进文化的重要举措，努力建设"法治浙江"是发展社会主义民主政治的有效途径，加强党的执政能力建设和先进性建设为此提供根本保证。它们之间是内在统一、有机联系、相辅相成、不可分割的。这"四位一体"的辩证统一，体现了历史和逻辑的一致性，反映了马克思主义认识论的基本原理和事物发展的客观规律；体现了"你中有我、我中有你"的互动性，每一个方面既具有质的规定性和各自丰富的内涵，同时又相互联系、相互依存、相互作用；体现了科学发展和普遍联系的整体性，以辩证的思维、从全局的高度、按统筹的方法，谋划了各个方面的工作，使之统一于建设中国特色社会主义在浙江的实践。

法治：新形势的新要求

（二〇〇六年五月十日）

当前，我省正站在"十一五"发展的新起点上，进入了全面建设小康社会的攻坚阶段，加快社会主义现代化建设的关键时期。这是经济发展的腾飞期、增长方式的转变期、各项改革的攻坚期、开放水平的提升期、社会结构的转型期和社会矛盾的凸显期。社会主义先进生产力的发展和市场经济体制的不断完善，对生产关系和上层建筑的调整提出了新的要求。社会主义民主政治的不断发展和人民政治参与积极性的不断提高，对进一步落实依法治国基本方略提出了新的要求。改革的深化和各种利益关系的不断调整，对从法律和制度上统筹兼顾各方面利益提出了新的要求。社会结构和社会组织形式发生的深刻变化，对正确处理人民内部矛盾、依法加强社会建设和管理提出了新的要求。人们思想活动的独立性、选择性、多变性、差异性的增强，对强化马克思主义在意识形态领域的指导地位、树立社会主义法治理念和社会主义荣辱观提出了新的要求。所有这一切，都对党的执政能力特别是坚持科学执政、民主执政、依法执政提出了新的要求。在这样的新形势、新要求下，必须按照建设社会主义法治国家的要求，积极建设"法治浙江"，逐步把经济、政治、文化和社会生活纳入法治轨道。

市场经济必然是法治经济

（二〇〇六年五月十二日）

　　市场经济的高效率就在于价值规律、竞争规律、供求规律的作用，但发挥市场经济固有规律的作用和维护公平竞争、等价交换、诚实守信的市场经济基本法则，需要法治上的保障。如果不从法律上确认经济实体的法人资格，企业就不能成为真正的市场竞争主体。如果缺乏维护市场秩序的法治保障，市场行为就会失当，市场信息就会失真，公平竞争就会失序。如果缺乏对不正当市场行为进行惩防的法治体系，守信者利益得不到保护，违法行为得不到惩治，市场经济就不能建立起来。从这一意义上说，市场经济就是法治经济。推进法治建设的一个重要动因，就是要反映和坚持社会主义先进生产力的发展要求，坚持为社会主义市场经济服务，坚持平等、自由、正义、效率等社会主义市场经济内在价值的追求。我省要在完善社会主义市场经济体制上走在前列，首先就要在法治建设上走在前列，更多地运用法律手段来调节经济、实施监管，加强对知识产权的保护，提高自主创新能力，反对不正当竞争，维护市场秩序，保证社会主义市场经济的健康发展。

和谐社会本质上是法治社会

（二〇〇六年五月十五日）

和谐社会是秩序良好的社会，它要求社会依照既定的规则有序运行，反对无序化和无序状态。实现社会和谐有赖于人们对法律的信仰和遵循。只有把社会生活的基本方面纳入法治的调整范围，经济、政治、文化和谐发展与社会全面进步才有切实的保障，整个社会才能成为一个和谐的社会。社会主义和谐社会的"六大特征"都具有法治的属性，"民主法治"是公共权力与公民权利的和谐，"公平正义"是社会规则与个人能力的和谐，"诚信友爱"是人与人之间关系的和谐，"充满活力"是社会成员的积极性、创造性与经济社会发展的和谐，"安定有序"是公民的行为方式与社会秩序的和谐，"人与自然和谐相处"是生产、生活、生态良性互动的和谐。在推进和谐社会建设中，无论是人与社会的和谐关系、人与人的和谐关系、人与自然的和谐关系，还是公共权力与个人权利的和谐关系，都必然会表现为一定的法律关系。从这一意义上说，和谐社会本质上是法治社会。同时，法治也为社会和谐提供重要保证。法治通过调节社会各种利益关系来维护和实现公平正义，法治为人们之间的诚信友爱创造良好的社会环境，法治为激发社会活力创造条件，法治为维护社会安定有序提供保障，法治为人与自然的和谐提供制度支持。

弘扬法治精神，形成法治风尚

（二〇〇六年五月十七日）

普及公民法制教育、形成全社会法治风尚，对建设
"法治浙江"具有全局性、先导性、基础性、决定性的作用。
法治精神是法治的灵魂。人们没有法治精神、社会没有
法治风尚，法治只能是无本之木、无根之花、无源之水。
古人所说"国皆有法，而无使法必行之法"，讲的就是这个
道理。其实，使法必行之法就是法治精神。从客观上说，
法治也并不体现于普通民众对法律条文有多么深透的了
解，而在于努力把法治精神、法治意识、法治观念熔铸到
人们的头脑之中，体现于人们的日常行为之中。这包括
培养人们的理性精神、诚信守法的精神、尊重法律权威的
精神、权利与义务对称的精神、依法维权和依法解决纠纷
的习惯等等。正如卢梭所说，"规章只不过是穹隆顶上的
拱梁，而唯有慢慢诞生的风尚才最后构成那个穹隆顶上
的不可动摇的拱心石"。法律当中"最重要的一种"就是
这种风尚，它既不是铭刻在大理石上，也不是铭刻在铜表
上，而是铭刻在公民们的内心里。

坚持法治与德治并举

（二○○六年五月十九日）

道德是法治的基石。法律只有以道德为支撑，才有广泛的社会基础而成为维系良治的良法。法律与道德，历来是建立公序良俗、和谐稳定社会的两个保障。法治与德治，如车之双轮、鸟之两翼，一个靠国家机器的强制和威严，一个靠人们的内心信念和社会舆论，各自起着不可替代而相辅相成、相得益彰的作用，其目的都是要达到调节社会关系、维护社会稳定的作用，保障社会的健康和正常运行。从一定意义上说，依法治国是维护社会秩序的刚性手段，以德治国是维护社会秩序的柔性手段，只有把两者有机地结合起来，才能有效地维护社会的和谐，保障社会健康协调地发展。建设"法治浙江"，必须把握法治与德治的互补性、兼容性和一致性，坚持一手抓法治建设，一手抓道德建设，把法律制裁的强制力量与道德教育的感化力量紧密地结合起来，把硬性的律令与柔性的规范有机地融合在一起，把树立社会主义法治理念与树立社会主义荣辱观结合起来。要把树立社会主义荣辱观贯穿于"法治浙江"建设的全过程，教育和引导广大党员干部和人民群众知荣辨耻、扬荣抑耻、近荣远耻，明荣耻之分、做当荣之事、拒为耻之行，在全社会形成明德守法的良好风尚。

党的领导是法治的根本保证

（二〇〇六年五月二十二日）

法治建设体现党科学执政、民主执政、依法执政的要求。法治建设绝不是要削弱党的领导，而是要从理念上更好地强化党的意识、执政意识、政权意识，从制度上、法律上保证党的执政地位，通过改善党的领导来更有效地坚持党的领导、加强党的领导，通过完善党的执政方式来更有效地提高党的执政能力、保持党的先进性。建设"法治浙江"，必须旗帜鲜明地坚持党的领导，在党的领导下发展社会主义民主、建设社会主义法治，把党依法执政的过程作为实现人民当家做主和实行依法治国的过程，作为巩固党的执政地位的过程，作为建设社会主义政治文明的过程，把加强党的政治、思想和组织领导贯穿于"法治浙江"建设的全过程。

讲党性、强责任、树正气、守纪律

（二〇〇六年五月二十四日）

今明两年，从乡镇到省各级将开展集中换届工作。换届是对领导干部党性观念和组织观念的一次重大考验。各级领导干部必须讲党性、强责任、树正气、守纪律，做到在整个换届过程中思想不散、秩序不乱、工作不断。讲党性，就是要正确对待进退留转。一名党员无论在什么岗位，无论从事什么工作，都是为党的执政服务，为人民服务，必须讲奉献、讲觉悟、讲大局、讲境界，正确对待个人的名利权位和个人的进退留转，自觉服从组织安排。强责任，就是要恪尽职守做好工作。以对党和人民事业高度负责的态度，把心思和精力集中到抓好自己的分管工作上，尽职尽责地做好各项工作。树正气，就是要坚决反对庸俗作风。要坚持组织原则，正确对待组织；坚持敬贤举贤，正确对待同志；坚持光明磊落，正确对待自己；坚持公道正派，正确对待"选票"。守纪律，就是要经受考验、克己自律。要认真学习贯彻党章，自觉实践"八荣八耻"的荣辱观，严格遵守换届工作中的组织人事纪律，不托人情，不打招呼，不拉庸俗关系，不传播小道消息，努力形成风清气正的良好环境。

"浙商文化"是浙商之魂

（二〇〇六年六月十六日）

浙商是在社会主义市场经济的大潮中诞生并壮大起来的创业者和企业家群体。长期以来,浙商不仅创造了大量的物质财富,也形成了一种独特的"浙商文化"。从文化渊源上看,"浙商文化"传承于浙江深厚的文化底蕴。从实践基础看,"浙商文化"形成于广大浙商的创造性实践,是支撑浙商开拓进取的精神动力。浙商的新飞跃,需要"浙商文化"的支撑。

随着我省民营经济的不断发展壮大,"浙商文化"在企业和社会发展中的作用更加突出。在新的发展阶段,要认真总结、提炼、培育"浙商文化",大力弘扬"求真务实、诚信和谐、开放图强"的价值取向。通过理念的确立、行为的规范,通过浙商争做"科学发展的实践者、和谐社会的建设者、改革创新的先行者"这样的具体行动,努力打造出体现社会主义和谐社会和社会主义先进文化要求、体现社会主义荣辱观要求、体现与时俱进浙江精神的"浙商文化",使"浙商文化"成为发展先进生产力的重要力量,成为民营经济实现新飞跃的重要支撑。

选商引资要做"合"字文章

（二〇〇六年六月十九日）

改革开放以来，浙江走出了一条以自我积累为主的内源式发展道路。应该说，内源式的发展同开放型的发展并不对立。这几年，我省多次强调要"选商引资"，而不是单纯的招商引资，就是为了统筹本土经济和外资经济发展，使之相互补充、相互促进。具体来说，选商引资要做好"融合"、"结合"与"和合"三篇文章。从宏观上看，要解决好本土经济与外部经济特别是国际经济的"融合"问题。把引资作为一个"引子"，以此来引进与外资"捆绑"在一起的先进的技术、管理、制度、理念、人才，开拓更高层次、更加广阔的国际市场，从而提升浙江企业和产业的档次。无数事实表明，一个地区经济长久的活力和竞争力总是来自于同外部经济的互动，来自于同国际经济的融合。我们的产业、产品层次要向上走，必须借助于外力。从微观上看，要解决好民营经济与外资经济的"结合"问题。"结合"的意思就是"以民引外、民外合璧"。要发挥浙江民营企业的优势，在管理、技术、制度、市场、文化等各个方面找准与引进企业的结合点，以人之长，补己之短，特别是将传统、支柱产业与世界龙头企业进行嫁接。同时还要利用外部力量积极开展自主创新，通过引进、消化、吸收，切实提高自主创新能力。从长远来看，要努力形成一种"和合"的文化氛围。要实现新的发展,必须尊重外来的先进文化和观念,特别是尊重外来人才,形成一种按法治规则办事的社会氛围,一种大气开放的创业环境,一种多元和合的价值取向,一种大开大合的都市文化。

要善于抓典型

（二○○六年七月二十日）

榜样的力量是无穷的。善于抓典型，让典型引路和发挥示范作用，历来是我们党重要的工作方法。实践证明，抓什么样的典型，就能体现什么样的导向，就会收到什么样的效果。

新时期要抓什么样的典型？有的认为，要抓致富"能人"类的典型；有的认为，要抓行业"新人"类的典型；有的认为，要抓发展的"带头人"、群众的"贴心人"、政策的"传播人"这样的典型。无疑，这些典型都是我们所要倡导的，都是人们应该学习的。抓典型，更具意义的是要树立精神上的榜样，让人们学习典型所体现的精神，让典型身上的精神发扬光大。这种精神体现在党员干部身上，就是要努力践行"三个代表"重要思想，全心全意为人民服务；坚持立党为公、执政为民，做到权为民所用、情为民所系、利为民所谋；具有时代性，代表先进性，体现群众性。

郑九万同志就是新时期体现共产党员先进性的一个好典型。他的事迹虽然很平凡，但平凡之中见伟大，细微之处见精神。他的事迹，是几十年如一日扎扎实实干出来的，是来自于群众、得到群众认同的，是可亲、可敬、可学的典型。

浙江不乏通过诚实劳动而致富的典型，也不乏勤劳

致富后反哺家乡、回馈社会、带动大家共同富裕的典型，这类典型我们要大力宣传。但浙江也有欠发达地区，像郑九万那样在艰苦环境中几十年如一日兢兢业业为党工作、为民效力的典型，我们更要大力宣传。我们就是要以郑九万同志这样的先进典型来教育人、引导人、带动人，使人人学先进、赶先进、当先进，使共产党员的先进性体现在各条战线，体现在各项具体工作之中。

困境之中见精神

（二〇〇六年七月二十一日）

　　毛泽东同志曾说过："什么叫工作，工作就是斗争。那些地方有困难、有问题，需要我们去解决。我们是为着解决困难去工作、去斗争的。越是困难的地方越是要去，这才是好同志。"郑九万就是这样的好同志。他的先进事迹昭示我们，越是在相对贫困的地区、越是在困难的地方、越是在矛盾和问题凸显的时候，越是需要各级领导干部和共产党员艰苦奋斗、身先士卒，始终与人民群众同甘苦、共命运，保持血肉联系。俗语说，共患难易，同享乐难。现在一些地方条件改善了，有一些同志就"办公讲豪华，坐车讲高档，吃住讲排场"，对工作环境"挑三拣四"，对工作岗位"挑肥拣瘦"，虽然获得了不小的成绩，但失去的是民心。这也启示我们，要学会辩证、动态、全面地看一个人：看一个人的精神，不仅要看他在顺境时的状态，也要看他在逆境中的意志；看一个人的能力，不仅要看他在顺境基础上的表现，也要看他在困境中的作为；看一个干部的政绩，不仅要看他的工作业绩，也要看他的工作态度，不仅要看他这一任留下什么局面，也要看他当初是在什么样的基础和条件下创造这一局面的。

　　在我们的事业中，党和国家赋予每个人不同的岗位，条件不一、职责不同。但我们的责任都是一样的，最起码

的就是都要有为党、为国、为民作奉献的精神。我们就是要发扬"螺丝钉精神"，在现实基础上点燃自己最亮丽的火光，"拨亮一盏灯，照红一大片"，在本职岗位上奏响人生最优美的乐章。

一切为民者，则民向往之

（二〇〇六年七月二十四日）

一个偏僻的小村庄，因为他们的支部书记生病了，一天之内村民自发筹集了数万元手术费为他治病，村民们说"就是讨饭了也要救他"。当地就有一些干部不由地发出了"假如我病倒了，会有多少村民来救我"这样的感慨！郑九万所做的一切都体现在了村民的回报上，是老百姓心中那杆秤称出了一名基层党员干部的分量。他以自己的实际行动，深刻揭示了"老百姓在干部心中的分量有多重、干部在老百姓心中的分量就有多重"的丰富内涵。这就是我们树立郑九万这个先进典型的意义所在。

古人说："一切为民者，则民向往之。"可以说，郑九万这种"精神"体现的就是党的为民宗旨，郑九万这个"典型"体现的就是共产党员的先进性，郑九万这个"现象"体现的就是人心向背的问题。

"郑九万现象"说明，一个党员干部只要心里装着群众，真心实意地为人民群众做好事、办实事、解难事，人民群众就惦记他、信任他、支持他；同样地，一个政党，只有顺民意、得民心、为民谋利，才能得到人民群众的拥护和支持，才能永远立于不败之地。作为执政党，党员干部与人民群众的关系就是公仆与主人的关系。离开了人民，我们将一无所有、一事无成；背离了人民的利益，我们这些公仆就会被历史所淘汰。所以，共产党人一定要坚持权为民所用、情为民所系、利为民所谋，真正为人民掌好权、执好政。

要善于学典型

（二〇〇六年七月二十六日）

子曰："三人行，必有我师焉。"学习知识是一种学问，学习他人是一种美德。向别人学习，不同的人有不同的看法：仁厚的人看到别人的长处，挑剔的人看到别人的短处；谦虚的人学别人的长处修炼自己，自大的人借别人的短处膨胀自己；乐观的人学习别人而激励自己，悲观的人自惭形秽而放纵自己。归根结底，向别人学习的多寡、深浅、得失，取决于个人的学习态度和学习角度。这一点，向普通人学习如是，向先进典型学习亦如是。

现在有些人认为，向先进典型学习，往往学不到高深的知识学问，学不到赚钱的本事，学不到工作的能力，总之没什么好学的。这种话似乎有道理，却实在是没道理。向先进典型学习，可学者多矣！最关键的是要学精神、学品质、学方法。比如，学习焦裕禄，就要学习他勤政为民、艰苦奋斗的创业精神；学习牛玉儒，就要学习他廉洁奉公、清正无私的革命本色；学习郑九万，就要学习他"心里装着群众，凡事想着群众，工作依靠群众，一切为了群众"的为民情怀；学习义乌发展经验，就要学习义乌人民从实际出发、创造性实践的经验。

"学所以益才也，砺所以致刃也"。我们就是要善于向先进典型学习，在一点一滴中完善自己，从小事小节上修炼自己，以自己的实际行动学习先进、保持先进、赶超先进。

建设新农村要体现科学发展理念

（二〇〇六年九月六日）

建设社会主义新农村是在农村贯彻落实科学发展观的生动实践。必须始终以科学发展观为指导，坚持以人为本、科学发展，顺应农民群众迫切要求改善生产、生活、生态条件的强烈愿望，坚持以农民群众为主体，充分发挥党政主导、规划先导、投入利导、政策指导、改革引导的作用，在工作决策、建设内容、推进机制和工作方法上都注重体现科学性。实施"千村示范、万村整治"工程作为建设新农村的重要组成部分，要按照统筹城乡规划建设和统筹经济社会发展的思路和方法来推进，以村庄整治和示范村建设为切入点，把改善村容村貌与发展生产结合起来，把村庄规划建设与农村基础设施建设、社会事业建设、公共服务体系建设结合起来，以农民思想教育、农村民主政治建设和基层党组织建设来推动工程建设，全面体现社会主义新农村建设的精神实质和科学内涵。

建设新农村要体现因地制宜原则

（二〇〇六年九月八日）

　　建设社会主义新农村必须坚持因地制宜、分类指导，以点带面、典型示范，民主决策、规范运作。实施"千村示范、万村整治"工程正是因地制宜的必然选择。浙江"三农"工作基础较好，建设新农村必然要高标准，必须要"走在前列"，在近期要与浙江提前基本实现全面小康社会的目标相适应，在远期也要与浙江现代化建设水平相适应。不仅在生产上要不断提高农村经济的发展水平，而且在生活上也要不断为农民群众创造良好的条件；不仅要在全国的比较中体现浙江的特色与发展水平，而且在省内不同的地方也要体现各自的特色与发展水平。浙江的农村村庄确实有条件并应该体现实际的发展水平，这不仅是新农村建设本身的重要内涵，是浙江发展阶段的需要，也是广大农民群众提高生活质量的要求。从这个意义上说，实施"千村示范、万村整治"工程，确实是我省推进社会主义新农村建设的龙头工程。

从规划开始强化特色

（二〇〇六年九月十一日）

科学规划是建设社会主义新农村的基础，特别是规划还决定着农村新社区发展的方向和建设的水准。建设应该讲成本，规划必须高要求。规划设计要由有资质的单位来做，各类规划不能降低水平、降格以求，更不能胡乱规划、草率规划。新农村建设的具体规划，要按照统筹城乡发展的思路，对推进新型城市化和建设新农村进行统筹安排，对城市发展建设规划和新农村建设规划进行统筹考虑，特别是要充分体现出农村社区的区域特点、文化特征，形成特色、注重品位、突出魅力。从大的方面来说，建设新农村要注意发达地区与欠发达地区不一样，山区、平原、丘陵、沿海、岛屿不一样，城郊型与纯农业村庄也不一样。从小的方面来说，也要注意围绕特色做文章，杜绝盲目攀比，反对贪大求洋，防止照搬照抄，避免千村一面，从而让更多的村庄成为充满生机活力和特色魅力的富丽村庄，充分体现浙江新农村建设走在前列的水平，体现江南鱼米之乡、山水浙江的风采特色，体现丰厚传统民俗文化与现代文明有机融合的农村新社区水准，走出一条各具特色的整治美村、富民强村的路子。

越是艰苦环境，越能磨炼干部品质

（二〇〇六年九月十三日）

孟子说："天将降大任于斯人也，必先苦其心志，劳其筋骨，饿其体肤，空乏其身，行拂乱其所为，所以动心忍性，增益其所不能。"韩非子也说过："宰相必起于州部，猛将必发于卒伍。"古往今来，将才良相大都经历过艰苦环境的磨炼。越是艰苦的环境，越能磨炼干部的品质，考验干部的毅力。欠发达地区、工作复杂的地方、挑战性强和困难较多的领域是培养干部的一个重要部位，也是选人用人应关注的地方。哪一个干部能在这些地方和广大干部群众同甘共苦，团结奋斗，做出成绩，不辜负组织的重托，就应该受到称赞，他的思想政治素质和业务素质也会不断地得到提高。贪图安逸、不愿意到这些地方工作的干部，或者即使去了也讲价钱、闹情绪、不安心工作的干部，不是党和人民所需要的干部。

破解经济发展和环境保护的"两难"悖论

（二〇〇六年九月十五日）

　　经济发展和环境保护是传统发展模式中的一对"两难"矛盾，是相互依存、对立统一的关系。在环境经济学中，"环境库兹涅茨曲线理论"认为，在经济发展的初级阶段，随着人均收入的增加，环境污染由低趋高；到达某个临界点（拐点）后，随着人均收入的进一步增加，环境污染又由高趋低，环境得到改善和恢复。对于我省欠发达地区来说，优势是"绿水青山"尚在，劣势是"金山银山"不足，自觉地认识和把握"环境库兹涅茨曲线理论"，促进拐点早日到来，具有特殊的意义。但是，要特别防止这样一种误区：似乎只要等到拐点来了，人均收入或财富的增长就自然有助于改善环境质量，因而对环境污染和生态破坏问题采取无所作为的消极态度。显然，这种错误认识将使我们不得不重蹈"先污染后治理"或"边污染边治理"的覆辙，最终将使"绿水青山"和"金山银山"都落空。欠发达地区只有以科学发展观为统领，贯彻落实好环保优先政策，走科技先导型、资源节约型、环境友好型的发展之路，才能实现由"环境换取增长"向"环境优化增长"的转变，由经济发展与环境保护的"两难"向两者协调发展的"双赢"的转变；才能真正做到经济建设与生态建设同步推进，产业竞争力与环境竞争力一起提升，物质文明与

生态文明共同发展；才能既培育好"金山银山"，成为我省新的经济增长点，又保护好"绿水青山"，在生态建设方面为全省作贡献。

社会发展是构建和谐社会的关键

（二〇〇六年十月九日）

在中国特色社会主义建设"四位一体"的总体布局中，构建和谐社会属于社会建设和社会发展的范畴。从"四位一体"的相互关系来看，一方面，以人的全面发展为中心的社会发展、社会进步是经济发展的最终目的；另一方面，在全面建设小康社会的过程中，社会发展本身就是经济发展的内源性因素和有机组成部分。发达国家的经验表明，经济越是发展，创造财富的手段就越是依赖于教育、科技、文化、卫生、体育、环保等社会事业的发展，财富的表现形式就越是体现于知识产权、品牌、价值观等社会资本的积累，最终也都体现于人的发展。因此，在我国全面建设小康社会阶段乃至更长远的历史时期，社会发展将被放在更加重要的位置。从省委的战略部署来看，"八八战略"中涉及大量的社会发展内容，而建设"平安浙江"、加快建设文化大省、建设"法治浙江"，更是无一不与社会发展问题密切相关。我们深化"平安浙江"建设，推进构建和谐社会，主要着力点还是要围绕社会和人的全面发展，加强社会建设和管理，大力发展社会事业，促进社会全面进步。

基层矛盾要用基层民主的办法来解决

（二〇〇六年十月十一日）

毛泽东同志在《关于正确处理人民内部矛盾的问题》中提出过一个重要论断："用民主方法解决人民内部矛盾。"这一重要论断对于我们今天考察基层民主与社会和谐的关系仍然具有重要的指导意义。基层既是产生社会矛盾的"源头"，同时也是疏导各种矛盾的"茬口"。当前基层产生的社会矛盾，无论其表现形式多么复杂多样，就其性质而言绝大多数还是表现为人民的内部矛盾。基层矛盾要用基层民主的办法来解决，这一重要原则一定要把握好。从这个意义上说，推进基层民主建设是实现政治稳定、社会和谐的重要保证，基层民主越健全，社会就越和谐。基层组织和基层干部要提高构建社会主义和谐社会的能力，就要大力提高通过民主方法来解决基层矛盾的能力，自觉加强民主作风的修养，不断创新领导方式和工作方式，综合采用政治、经济、行政、法律和民主协商等多种手段，提高将矛盾化解在基层、消灭在萌芽状态、控制在局部的能力。

科学发展首先要安全发展

（二〇〇六年十月十三日）

　　安全发展作为一个重要理念已经纳入了我国社会主义现代化建设的总体战略。胡锦涛同志强调指出："我们的发展不能以牺牲精神文明为代价，不能以牺牲生态环境为代价，更不能以牺牲人的生命为代价。"这就非常明确地告诉我们：科学发展首先要安全发展，"以人为本"首先要以人的生命为本，安全发展就是尊重生命、关爱生命。任何以牺牲人的生命和健康为代价的所谓"发展"，都是不健康、不道德、不和谐的，也都不是真正的发展。我省中小企业数量众多，点多面广，安全发展面临较大压力，一定要把贯彻安全发展理念，真正摆到经济社会发展的重要战略位置上来。我们的一切发展都必须以安全为基础、前提和保障，务必做到各领域、各行业、各经营单位的发展，都建立在安全保障能力不断增强、安全生产状况持续改善、劳动者生命安全和身体健康得到切实保障的基础上，做到安全生产与经济社会发展水平基本相适应，实现安全保障下的可持续发展。应当通过各领域的共同努力，让广大生产者在安全条件下生产，让广大消费者在安全服务中消费，让广大群众在安全感中生活，让我们的社会真正实现科学发展、和谐发展、安全发展。

换届考验领导干部的党性

（二○○六年十月二十日）

当前，我们正在开展自下而上的党委集中换届工作。换届工作中必然涉及许多领导干部的进退留转，这是对领导干部党性观念和责任意识的一次重要考验，也是对先进性教育活动成效的一次实际检验。共产党员的先进性体现在哪里？领导干部的党性体现在哪里？在换届这件大事上最集中的体现就是：领导干部要能正确对待个人进退留转，不管职务怎么变动，都能够坦然面对，思想上不浮动、精神上不萎靡、工作上不松劲。

对"进"的同志来说，要做到朝气蓬勃，在更高层次的领导岗位上开拓进取，干出一番新成就，不辜负党和人民的期望；对"退"的同志来说，要做到心情愉快，服从大局，把党的事业的接力棒传递到年轻同志手中，并善始善终地做好本职工作；对"留"的同志来说，要做到安心静气，发扬成绩，克服缺点，进一步解放思想，扎实工作，在新阶段开创新局面；对"转"的同志来说，要做到奋发进取，树立为人民服务不分地域不分岗位的观念，在新环境中满腔热情地工作，在新岗位上干出新成绩。

敢于负责、善于负责

（二〇〇六年十月二十四日）

支持、保护、重用敢抓敢干、敢于负责、善于负责的领导干部；批评、教育、处理不敢负责、不愿负责甚至失职渎职的干部，这是我们的一贯立场和做法。

敢于负责，是领导干部必备的精神状态。古人就说"为官避事平生耻"，还说"任其职，尽其责；在其位，谋其政"。领导干部重任之下，必须能负重才能担当。负重就要敢于负责。敢于负责，就要求我们的领导干部大胆工作，以敢抓敢管、尽职尽责、奋发有为为荣，以不负责任、不求有功、但求无过为耻，坚决克服事事求安求稳、时时患得患失、处处畏首畏尾的消极心态，不怕担风险、不怕担责任、不怕得罪人、不怕遭非议，遇到问题不回避，遇到困难不躲避，遇到风险不逃避，而是敢于迎难而上，勇于承担责任，善于总结教训、纠正错误。

领导干部有了敢于负责的胆量和气魄，固然可嘉。但是，要做到真正意义上的负责，还需要有善于负责的本领。善于负责，必须掌握科学的思想方法和工作方法。领导干部要能负责、会负责、负好责，做到权责对等，不盲目负责、不胡乱负责，处理矛盾和问题要讲究策略，有勇有谋、有胆有识、有理有利有节。

坚持对上负责与对下负责的一致性

（二〇〇六年十月二十六日）

　　所谓对上负责，就是对上级领导机关负责；所谓对下负责，就是对人民群众负责。对各级领导干部来说，对上负责与对下负责从来都是统一的、不可分割的，对党负责，就是对人民负责；对人民负责，就是对党负责。两者统一于对党和人民事业的高度负责之中，其本质就在于立党为公、执政为民。只有在工作中始终坚持对上负责与对下负责的一致性，才能真正尽到职、负好责。

　　领导干部坚持对上负责与对下负责的统一，从思想方法上来说，就是要坚持理论联系实际，吃透上情，摸清下情，正确处理宏观与微观、普遍与特殊、一般与个别等关系。如果在贯彻落实上级精神时，在体现基层和群众的愿望时，只是依样画葫芦，不善于上下结合，其结果必然是貌似"负责"，实乃敷衍塞责。从工作目标上来说，就是要坚持"权为民所用、情为民所系、利为民所谋"，始终从实现和维护最广大人民的根本利益出发，认识到我们的一切权力来自人民，我们的一切工作都是为了人民，对上负责、对下负责最终都是要体现对人民负责。从工作实践上来说，就是要坚决贯彻执行上级的决策部署，在正确领会上级精神的前提下，深入实际调查研究，结合实际创造性地开展工作。领导干部既要做到恪尽职守，守土

有责,矛盾不上交、责任不上推,又要做到关心、支持和帮助下级工作,多给一些指导,多挑一些担子。领导干部既不能因为要执行上级领导机关的政策指示,而在贯彻执行中照本宣科、生搬硬套,以会议贯彻会议、以文件落实文件;也不能以照顾当地和群众的眼前利益为逃避和推卸责任的"挡箭牌",搞地方保护主义,而对上级的正确政策和指示拒不执行。

"文化经济"点亮浙江经济

（二〇〇六年十月三十日）

所谓文化经济是对文化经济化和经济文化化的统称，其实质是文化与经济的交融互动、融合发展。这是浙江改革发展中的一大特色和一大亮点。

古往今来，浙江人敏于挖掘文化传统中的经济元素和商业契机，善于向经济活动中注入更多文化内涵，以文化的力量推动经济发展。当代浙江人，善于用文化的内涵包装和经营产品，各种文化节庆活动都注重经济效益与社会效益的结合；善于借文化的传统打造和经营城市，保护和建设江南水乡、文化名城；善于依托民俗文化传统发展和壮大地方经济，如宁波由"奉帮裁缝"发展出服装产业，温州因"其货纤靡，其人善贾"形成了皮鞋、低压电器、打火机、眼镜等特色产业群，义乌更是以小小的拨浪鼓"拨"出了一个全球最大的小商品市场等。

"文化经济"的本质在于文化与经济的融合发展，说到底要突出一个"人"字。因此，我们在推进"文化经济"的发展中，要始终坚持以人为本，充分体现科学发展观的要求。

"浙江人经济"拓展浙江经济

（二○○六年十一月一日）

改革开放以来，浙江人做生意四海为家，坚信生意无地域、市场无疆界。于是乎，大江南北，五湖四海，到处活跃着新时代的浙江人。有人将这个现象称为"浙江人经济"。

与"浙江经济"相比，"浙江人经济"仅一字之差，但在内涵上却有很大的差别。通俗地理解，"浙江经济"是浙江省域范围内浙江人和非浙江人创造的经济总量，而"浙江人经济"则是浙江人在浙江以及浙江以外任何地方创造的经济总量。"浙江经济"不是"浙江人经济"，前者立足点在地域，是地区经济的概念，是 GDP 概念；后者立足点是人，更多的是文化概念，是 GNP 概念。这表明了浙江的经济发展模式不仅是富民强省的发展模式，而且也是能够为全国乃至世界经济做出重要贡献的发展模式。

"浙江人经济"何以成功？其秘诀之一，就在于不仅敢于走出去创业，更重要的是有诚信合作的团队精神，能组成能量巨大的商团，可以实现"小商品大市场"的运作。既能够单打独斗，又善于相互合作，这是浙江人的优秀品质，也是"浙江人经济"得以形成和壮大的重要原因。当前浙江的发展正进入一个关键时期，既暴露出"先天的不

足"，又遇到了"成长的烦恼"，迫切需要寻找新的出路，拓展新的空间。"浙江人经济"启示我们，浙江要在新的起点上实现又快又好的发展，既需要"立足浙江发展浙江"，又必须"跳出浙江发展浙江"，以在高基点上确保目前的发展不停步，将来的发展可持续。

问题就是时代的口号

（二〇〇六年十一月二十四日）

马克思有一句名言，他指出："问题就是公开的、无畏的、左右一切个人的时代声音。问题就是时代的口号，是它表现自己精神状态的最实际的呼声。"众所周知，每个时代总有属于它自己的问题，只要科学地认识、准确地把握、正确地解决这些问题，就能够把我们的社会不断推向前进。

构建和谐社会就是一个解决这些时代问题的持续过程。我们国家发展的阶段性特征，决定了我们在和谐社会建设过程中面临着许多与别的时代、别的国家所不同的社会问题。特别是现阶段就业、社会保障、协调发展、收入分配、安全生产、社会治安等与群众切身利益关系比较密切的问题还比较突出。这些问题就是我们这个时代的口号，就是时代的声音，也就是我们构建和谐社会必须要逐步解决的问题。对这些时代问题，首先要从时代的高度、大局的高度去看待、去研究，科学分析当前在和谐社会建设中所面临的问题和矛盾，分析成因，寻找对策，科学解决。只有立足于时代去解决特定的时代问题，才能推动这个时代的社会进步；只有立足于时代去倾听这些特定的时代声音，才能吹响促进社会和谐的时代号角。

防止不稳定因素成为"慢性病"

（二〇〇六年十一月二十七日）

构建和谐社会，地方各级党委、政府维护稳定的任务更重了，要求更高了。社会稳定是社会和谐的前提和基础。只有在社会稳定的前提下，才能集中精力解决经济社会发展中不和谐的问题。当前，我省社会形势总体上是稳定的、和谐的，但是，不稳定、不确定、不安定的因素还不少，影响社会稳定和谐的矛盾和问题仍然存在。和谐社会不是没有矛盾的社会，社会总是在解决矛盾中不断前进的。维护社会稳定、构建和谐社会，就是一个不断化解这些不稳定、不确定、不安定因素的过程，就是最大限度地减少不和谐因素、最大限度地增加和谐因素的过程。

各级领导班子和领导干部，要善于从大局的高度来看待社会稳定问题，对一些不稳定因素，要有深邃敏锐的观察能力、主动防范的思想准备和缜密细致的工作预案，见之于早、抓之于实、求之于解，常研究，常排查，常督促，像进行经济形势分析那样，经常分析社会稳定形势，把过细的工作做到前面，防止不稳定因素演变成"慢性病"，三天两头反复发作，以致小事变成大事，个案变成群体性事件，局部问题变成影响一个地方的问题。要抓住苗头，综合分析，解剖病灶，对症下药，切忌头痛医头、脚痛医脚，力求一针见血、一抓到底。这样，才能抓出成效，解决问题，真正做到守土有责、守土有方、守土有效。

正确处理新形势下的人民内部矛盾

（二〇〇六年十一月二十九日）

　　五十年前，毛主席写过一篇很著名的文章，叫做《关于正确处理人民内部矛盾的问题》。他把解决人民内部矛盾的民主方法，具体化为一个公式，叫做"团结—批评—团结"。意思就是从团结的愿望出发，经过批评或者斗争使矛盾得到解决，从而在新的基础上达到新的团结，也就是我们通常所讲的惩前毖后、治病救人。半个世纪过去了，伟人著作至今读来，对我们正确处理人民内部矛盾、维护社会稳定仍然很有启发意义。

　　人民内部矛盾是现阶段影响社会稳定的主要因素。星移斗转，时过境迁。与五十年前相比，目前，影响社会稳定的人民内部矛盾已经发生了很大的变化，主要表现为劳动就业、社会保障、收入分配、土地征用、房屋拆迁等带来的一系列社会问题。由于我国正处于经济高速发展期和矛盾凸显期，致使这些人民内部矛盾的表现形式更加多样，覆盖范围更加广泛，相互交织更加复杂，解决起来也更加困难。这就需要各级党委、政府和领导干部，着眼于新的形势加强学习，深刻认识和把握新形势下人民内部矛盾的特点、规律，探索解决矛盾的正确途径和有效方法，不断提高正确处理新形势下人民内部矛盾的本领，努力避免因为决策失误和工作不当引起群众不满，依法妥

善处置群体性事件，防止局部性问题转化为全局性问题、非对抗性矛盾转化为对抗性矛盾，注重从源头上减少人民内部矛盾的发生。

"政之所要，在乎民心"。解决人民内部矛盾需要各级领导干部牢固树立群众利益无小事的观念，扎实转变工作作风，多站在群众的立场想一想，多做一些解疑释惑的工作，多做一些得民心聚民气的工作，珍惜民力民智，解决民困民难，维护民生民利，把群众工作做实做细做好。同时，要畅通民意表达的渠道，引导群众以理性、合法的方式表达诉求，不断促进党群干群关系的和谐。

打牢基层维护社会稳定的第一线平台

（二〇〇六年十二月一日）

人是否健康主要从研究细胞开始，社会是否和谐稳定也要通过基层来观察。随着当前大量的"单位人"变成"社会人"，社会组织和单位对人口、场所、行业的传统约束能力有所下降。这样，基层的地位就更加凸显出来，处在了前沿位置，成为维护社会和谐稳定的第一线平台。大量的信息在基层交流，多种思潮在基层激荡，各种矛盾在基层汇集，甚至一些矛盾纠纷与冲突也在基层酝酿、爆发。可以说，基层既是产生利益冲突和社会矛盾的"源头"，也是协调利益关系和疏导社会矛盾的"茬口"。

构建和谐社会，重心在基层。基层就是社会的细胞，是构建和谐社会的基础。要建立健全基层舆情汇集分析机制，完善矛盾纠纷排查调处制度，综合运用法律、政策、经济、行政等手段和教育、协商、疏导等办法，逐步筑起基层这个维护社会稳定的第一道防线，使之更坚实、更稳固。这样，社会和谐也就有了牢固的基础，也就能够通过强化对基层的服务和管理，来更好地协调利益关系，理顺思想情绪，疏导社会矛盾，把各种不稳定因素化解在基层，解决在萌芽状态。

不兴伪事兴务实

（二〇〇六年十二月四日）

古人曰："不受虚言，不听浮术，不采华名，不兴伪事。"这也可以说是求真务实的一个基本要求。务实之人，一般都是愿听真话、敢讲真话、勇于负责、善抓落实之人。领导干部就要做这样的务实之人。

务实之于工作，就是要抓好各项任务的落实。在落实的认识上，要讲求一个"深"字。落实要深入，认识先深化。要深刻认识到不抓落实，再美好的蓝图也不过是蓬莱仙境、空中楼阁，从而切实把抓落实的过程贯穿于践职履责的始终。在落实的要求上，要讲求一个"新"字。落实工作不能照抄照搬。要把上级精神与本地实际结合起来，把对上负责与对下负责结合起来，创造性地开展工作，努力在结合中出思路、出特色、出成效。在落实的步骤上，要讲求一个"韧"字。要有一股韧劲，持之以恒抓落实，一项一项地督促，一件一件地落实，一年一年地见效。在落实的举措上，要讲求一个"实"字。"牡丹花好空入目，枣花虽小结实成。"为政之道，贵在实干。求真务实，真抓实干，才能真正干出有益于党和人民事业发展的实事，真正建立经得起历史检验的实绩。

抓落实如敲钉子

（二〇〇六年十二月六日）

抓落实是领导工作的一个基本环节，也是各级领导干部的一项重要职责。决策部署作出以后，对广大干部特别是基层干部来说，最重要的莫过于求真务实、狠抓落实。但在实际工作中也有的往往出现抓不具体、抓不到位、抓不出实效的情况。归根结底，这是欠缺"真抓"的工作作风和"会抓"的本领方法。

抓落实就好比在墙上敲钉子：钉不到点上，钉子要打歪；钉到了点上，只钉一两下，钉子会掉下来；钉个三四下，过不久钉子仍然会松动；只有连钉七八下，这颗钉子才能牢固。这就说明，抓落实首先要抓到点上、以点带面。要盯住事关全局的重点工作，把力量凝聚到点上，着力解决涉及全局的突出问题，以点带面，推动全局，避免"撒胡椒面"式地这里抓一下，那里敲一点，浅尝辄止、朝三暮四。其次，要一抓到底，常抓不懈。要一步一个脚印，步步为营，有板有眼，深入而持续地抓好落实，而不能满足于会议开过了，文件发过了，嘴上讲过了。同时，抓落实还要结合实际，因地制宜。这就好比敲钉子也不能光凭着一股蛮力，逢墙乱钉，碰到容易脱落或者开裂的墙面时，还要想办法修补墙面，打好敲钉子的基础。抓落实也要根据本地本单位的实际加以贯彻落实，而不是依葫

芦画瓢、搞照搬照套。总之,抓落实,就要有"咬定青山不放松"的韧劲、不达目的不罢休的狠劲,真正把各项工作落到实处、抓出实效。

掌握正确的工作方法

（二〇〇六年十二月八日）

"工欲善其事，必先利其器"。正确的方法是做好工作的重要保证。掌握了正确的工作方法，往往能收到事半功倍的效果。实际工作中，很多同志由于没有掌握正确的方法，容易出现两种倾向：一种是瞎子摸象，对工作没有全面的把握；一种是纸上谈兵，眼高而手低，遇到具体事情不知何处着手。不管是哪种情况，都不利于工作的开展和深入。

在构建和谐社会的进程中，正确的工作方法对广大干部显得尤为重要。我们既要大处着眼，学习曹冲称象，善于把本地区、本部门的工作这头"象"，置于构建和谐社会全局这条"大船"上来定位和谋划，提出前瞻性的工作思路；同时，又要小处着手，学习庖丁解牛，善于从具体的现象中把握客观规律，以有效抓手之"无厚"，入关键环节之"有间"，拿出具体的工作措施，抓好落实，取得实效。这样，我们就能够较好地防止方法上的不当，游刃有余、有条不紊地推进工作。

为政者需要学与思

（二〇〇六年十二月十一日）

为政者需要学与思，古人早有箴言。《论语》写道，子夏曰："仕而优则学，学而优则仕。"常人只重"学而优则仕"这后半句，并以此激励自己刻苦读书，希望来日出人头地。为政者则要看重前半句，善学善思，善作善成，不断提高自己、充实自己，增强为人民服务的本领。

《论语》还说，"学而不思则罔，思而不学则殆"。现实中确实有些人既不学习也不思考，既罔于自己也殆于工作。有的对学习基本是浮光掠影、蜻蜓点水，不深入，没思考，忙碌于会议、活动、应酬，热切于"政绩"、"形象"、"进步"，说起学习与思考则用"忙"字来做挡箭牌。其实，今日世界，一日千里，不学无从适应，不思无以应对。领导干部要善于安排时间，提高工作效率，少一点酒酣耳热，多一点伏案而思，做到"博学而笃志，切问而近思"。要通过深入学习来明确远大的人生志向，通过深思熟虑来制定科学的工作方案。《左传》有云，"政如农功，日夜思之"。古人还说"爱人如己"。唯有善学善思，才能把为政如农功般精耕细作，日夜思之；把为民如爱己般殚精竭虑，日夜牵挂，干出无愧于时代、无愧于社会、无愧于人民的业绩。

为民办实事旨在为民

（二〇〇七年一月五日）

坚持以人为本，重民生、办实事，解决人民群众最关心、最直接、最现实的利益问题，满足人民群众最基本、最紧迫的需求，是构建和谐社会的一项重要基础性工作。领导干部应按照"认认真真察民情，诚诚恳恳听民意，实实在在帮民富，兢兢业业保民安"的要求，深化认识，拓展方式，切实做好为民办实事工作。

现实中确实有一些干部，为民办实事的工作热情很高，但所办的事倒不一定是群众最需要、最欢迎、最能得实惠的。当然，这里面有短期利益与长期利益、局部利益与全局利益等关系问题，但也确实存在没有很好体现以人为本理念和正确政绩观的问题。领导干部一年忙到头，根本的宗旨就是为人民服务。完善和落实为民办实事的长效机制就是忙到了点子上，为民办实事对象是"民"，要把群众的呼声作为第一信号，问需于民、问计于民、问情于民，掌握民情、分析民意，民主决策、科学安排，落实好为民办实事项目，做到让人民群众参与、让人民群众做主、让人民群众受益、让人民群众满意，真正使群众成为利益的主体。

为民办实事重在办事

（二○○七年一月六日）

要为民办实事，先要想办事，还要能办事、办成事。办成事就要创造良好的条件。要落实领导责任，建立完善责任落实机制，使为民办实事工作真正形成长效机制，使群众日益增长的物质文化需求不断得到满足。要切实增加投入，按照建立服务型政府的要求，强化公共服务职能，完善公共财政制度，优化财政支出结构，加大公共财政投入和转移支付的力度。

为民办实事还要形成良好的氛围，发动各方面都来关心、支持为民办实事的工作。要调动广大群众的积极性和创造性，发挥广大群众的作用，使广大群众真正成为选择的主体、利益的主体，有的事还要成为行动的主体和投入的主体。在市场经济条件下，一些事可以不是由政府直接来办，要从扩大就业、应对老龄化、调整经济结构和转变增长方式的角度，大力发展生活型服务业，办好为群众服务的组织或企业，为更多的群众提供更好的服务。通过鼓励和扶持发展社会组织为群众解忧，实质上也是为党委、政府分忧。同时，要积极鼓励引导社会资金投入社会公益事业，参与实事项目建设，形成人人参与办事、人人得到实惠的良好局面。

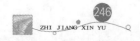

为民办实事成于务实

（二〇〇七年一月七日）

坚持以人为本、执政为民，最终要落实在一件一件的实事之中。这些实事，既体现于推动经济社会发展和惠及全社会的"大事"，也体现在与老百姓日常生活息息相关的家门口的"小事"。"群众利益无小事"。抓好为民谋利的"小事"，必须要像抓"大事"那样，把求真务实的精神贯彻到为民办实事的具体工作之中。做好为民办实事工作，关键在于用好的作风来办好事，用实在的项目来办实事。最实在的事就是要着力解决民生问题，特别是关心困难群体，多做、大做"雪中送炭"的事，多搞一些直接造福于民的"满意工程"、"民心工程"，切实把老百姓家门口的事情办好。实事必须实干，要改进工作方法，转变工作作风，脚踏实地、稳扎稳打，尽力而为、量力而行，决不喊空口号、搞花架子。实事还要见实效，最大的实效就是真正使广大群众得到实惠、感到幸福，产生良好的社会效益和人文效应。群众最能体验为民办实事工作的成效，要让群众来评判为民办实事工作的成效。总之，"乐民之乐者，民亦乐其乐；忧民之忧者，民亦忧其忧"。我们把为民办实事的工作做好了，群众的幸福感就会提升，人民群众与党委、政府心相系、情相连，构建和谐社会的基础就会更加扎实。

在学习中深化认识，在实践中提升境界

（二〇〇七年一月八日）

科学发展观是马克思主义中国化的新成果，是我们党对共产党执政规律、社会主义建设规律和人类社会发展规律科学认识的又一次历史性飞跃。落实科学发展观的过程，是一个在实践中不断深化认识，再以深化认识来推动实践的渐进的过程。这几年来，我省把落实中央宏观调控政策作为落实科学发展观的具体实践，这个实践就充分体现了这样的过程：一是注重当前，破题解难，就是在令行禁止、坚决执行的同时，运用"倒逼机制"，破解经济运行中的一系列突出矛盾和问题，着力解决粗放经营等"先天的不足"和要素制约等"成长中的烦恼"；二是着眼长远，抓"调"促"转"，结合"八八战略"的深入实施，加快经济结构调整和增长方式转变，构筑科学发展的新平台。三是突出根本，以人为本，抓住落实科学发展观的核心，按照构建社会主义和谐社会的要求，转变思想观念，激发群众活力，切实把人的发展贯穿于经济社会发展各项工作之中，回归了经济发展以社会发展为目的、社会发展以人的发展为中心的本义。这个过程，体现了经济增长、社会进步和人的全面发展之间的辩证统一关系，涵盖了科学发展观关于经济社会又好又快发展的关键内容。做好这三个方面的工作，我们对科学发展观的认识和实践就会进入到一个新的境界，经济社会发展就能开创一个新的局面。

正确理解"好"与"快"

（二〇〇七年一月十日）

由"又快又好"发展改为"又好又快"发展，充分体现了以科学理念促进科学发展。科学发展，一是科学，一是发展，一定要在"好"和"快"上做足文章。"又好又快"这个有机统一体中，"好"在"快"前，居第一位，处于主导地位；"快"置"好"后，居第二位，处于从属地位。所以，"又好又快"，首先就要"好"字当头，注重优化结构，提高效益，节能降耗，减少排放。同时，还要好中求快，优中求进，在"好"的基础上努力保持经济平稳较快增长。在制定工作目标时，"好"作为对经济发展质量和效益的要求，主要贯穿于以节能降耗减排为代表的约束性指标中；"快"作为对经济发展速度的强调，则更多地体现在以GDP增长为代表的预期性指标上。在当前的条件下，要做到"好"比做到"快"难度更大。这就要求我们在制定和执行工作计划时，必须进一步贯彻落实科学发展观，不能片面追求GDP增长速度，要着重关注节能降耗减排等约束性指标，把结构调整、资源节约和环境保护放在更加突出的位置，更加注重发展的协调性、均衡性和可持续性，努力实现又好又快发展。

强本还须节用

（二〇〇七年一月十二日）

中华民族历来讲求勤俭持家，勤俭办一切事情。古人云："强本而节用，则天不能贫。"意思是说，在广开财路的基础上，如果节用节流，那么日子会越过越好。现在，经济持续发展，财力得到改善，利润实现增长，群众收入提高。成绩令人鼓舞，也容易让人陶醉，甚至容易降低一些方面的要求。因此，杜绝铺张浪费之风，重申勤俭节约之风，确是一记当予敲响的警钟。

我们在"强本"上取得了明显的成效。但也要清醒地认识到，"本"不仅在于我们所创造的财富，也在于自然界赋予我们的财富，这样的"本"不是我们所能创造的。当前，制约经济发展的资源、环境等因素比较突出，建设资源节约型和环境友好型社会的任务十分艰巨。我们应当继续发扬艰苦奋斗和勤俭节约的优良传统，切实珍惜民力和财力，珍惜资源、环境，在"节用"上花大力气。要树立社会主义荣辱观，旗帜鲜明地反对铺张浪费和大手大脚，坚决反对奢靡享乐之风，大力弘扬勤俭节约之风，让勤俭精神广为弘扬，勤俭意识深入人心，勤俭行为化为自觉，真正使崇尚勤俭成为社会风尚。

推进企业社会责任建设

（二〇〇七年一月十五日）

古人有语："落其实思其树，饮其流怀其源。"现代企业是社会的细胞，社会是孕育企业成长的母体。所以，企业在自身发展的同时，应该当好"企业公民"，饮水思源，回报社会，这是企业不可推卸的社会责任，也是构建和谐社会的重要内容。

大量事实证明，只有富有爱心的财富才是真正有意义的财富，只有积极承担社会责任的企业才是最有竞争力和生命力的企业。重经济效益、轻社会效益的企业，甚或只顾赚取利润、不顾安全生产的企业，终究难以持续。可喜的是，在落实科学发展观和构建和谐社会的今天，企业社会责任建设已越来越成为企业界乃至全社会的共识。

企业社会责任建设需要各方合力推进。政府要进一步强化企业约束机制，健全相关法律法规，完善诚信体系，落实监管职责，充分发挥税收调节作用，使价格形成机制真正反映资源稀缺程度和付出的环境代价，引导企业切实承担起社会责任。社会各界要做好企业社会责任的监督员，努力形成全方位的监督企业承担社会责任的舆论环境。广大企业要自律自重，树立科学经营理念，理顺内外部关系，争做负责任的"企业公民"，使企业的发展壮大真正走上和谐健康的轨道。

在慈善中积累道德

（二〇〇七年一月十七日）

　　古人有云："上善若水，厚德载物。"孟子有道："恻隐之心，仁之端也。"在中华民族的传统文化中，历来尊崇厚仁贵和、敦亲重义，并将乐善好施、扶贫济困奉为美德。季羡林老先生说过，"慈善是道德的积累"。树立慈善意识、参与慈善活动、发展慈善事业，是一种具有广泛群众性的道德实践。无论是个人还是组织，无论是贫穷还是富裕，不管在什么条件下，不管做了多少，只要关心、支持慈善事业，积极参与慈善活动，就开始了道德积累。这种道德积累，不仅有助于提高个人和组织的社会责任感及公众形象，而且也有助于促进整个社会的公平、福利与和谐，有利于增强社会凝聚力和向心力，使社会主义荣辱观在全社会得到更好的弘扬，切实提高全社会的道德水平和文明程度。

　　我们欣喜地看到，一大批企业家和先富起来的人成为慈善家或者积极参与到慈善事业当中。这些先富起来的人作为中国特色社会主义事业的建设者，是浙江发展慈善事业的重要力量。浙江的企业家特别是民营企业家，应以"兼济天下"的精神，更加主动、勇敢地承担起相应的社会责任和义务，积极加入到慈善事业中来，以自己的爱心和善行，提升自身的社会价值，以自己的实际行动

扎实推进和谐社会建设。各类组织和各界人士积极加入到这一爱心事业中来，人人心怀慈善，人人参与慈善，我们的社会一定会更加文明、更加和谐。

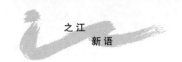
要"和"才能"合"

（二〇〇七年一月十九日）

　　一个好的领导班子，要善于团结协作。大事讲原则，小事讲风格，遇事多通气，多交心，多谅解，真正做到讲团结、会团结。讲团结不是不要原则，而恰恰是要坦诚相见，勇于直率地开展批评与自我批评。在一个班子里就像是在同一条船上，开展工作就好比划船。大家同舟共济，目标一致，心往一处想，力往一处使，形成了合力，这船就能往预定的目标快速前进。如果各有各的主张，各往各的方向划船，这船只能在原地打转，不能前进半步。更有甚者，如果互相拆台，还会有翻船的危险。百年修得同船渡。班子里的同志能聚到一起工作就是一种缘分，要珍惜在一起共事的时间，同心协力，干出一番事业。班子的主要负责同志，是一"船"之长，要起好把舵抓总的作用，凝聚全"船"之力，使"船"沿着正确的航道前进。班子里的其他成员要各司其职，相互配合，这样"和"然后"合"，大家团结和谐，就能形成合力。

要"民主"，还要"集中"

（二〇〇七年一月二十二日）

毛泽东同志说："在人民内部，不可以没有自由，也不可以没有纪律；不可以没有民主，也不可以没有集中。这种民主和集中的统一，自由和纪律的统一，就是我们的民主集中制。在这种制度下，人民享受着广泛的民主和自由；同时又必须用社会主义的纪律约束自己。"民主集中制是党的根本组织制度和领导制度，是我党政治生活的基本原则，各级领导班子都要严格执行这一制度，建立保障团结和谐的制度和机制，增进党的团结统一，以党内民主带动人民民主，以党内和谐促进社会和谐。首先要讲民主，切实保障党员的民主权利，加强党内民主建设，实行有效的民主监督。在民主的基础上要讲集中，坚持党总揽全局、协调各方的原则，进一步完善党的领导制度和工作制度，严格党内生活，严肃党的纪律，既保证领导班子高效运转，又保证实行有效的监督，使领导班子保持和发扬团结一心干事业、齐心协力谋发展、群策群力促和谐的良好局面，使领导班子能够真正发挥好领导核心的作用。

要"干事"，更要"干净"

（二〇〇七年一月二十四日）

领导干部不仅要想干事、肯干事、敢干事，还要会干事、能干事、干成事，特别是对事业要始终保持奋发进取的精神状态，不仅仅是上级推着干、群众推着干，首先是自己要始终充满激情、充满干劲，这样去干事业，才能更加主动、更加自觉。

特别是随着市场经济体制的完善和工作职能的转变，"有为"和"无为"发生了一些变化，党委、政府抓管理和服务的责任不是轻了，而是更加重了。这在我省这样的市场经济先发地区会表现得更加明显一些。在这种情况下，领导干部更要怀着强烈的责任感认真干事，怀着如临如履的心态保持干净。领导干部手中握着权力，权力用得好可以用来干大事，为人民谋利；用得不好就会被污水沾染，有时不知不觉之中就会陷入了"温水效应"之中。这样的教训是十分深刻的。领导干部一定要时刻保持清醒的头脑，时刻注意自重、自省、自警、自励，时刻注意自身的形象，干干净净地做人、踏踏实实地做事，真正做到为民、务实、清廉。领导干部不仅自己要廉洁自律，主动接受党组织和广大干部群众的监督，而且还要负起党风廉政建设的责任，指导推进教育、制度、监督并重的惩治和预防腐败体系建设，形成良好的风气，切实抓好反腐倡廉工作。

主仆关系不容颠倒

（二〇〇七年二月五日）

二十世纪八十年代初期，邓小平同志就明确指出了搞特权的危害性。他说："当前，也还有一些干部，不把自己看做是人民的公仆，而把自己看做是人民的主人，搞特权，特殊化，引起群众的强烈不满，损害党的威信，如不坚决改正，势必使我们的干部队伍发生腐化。"党员领导干部是人民的公仆，人民是领导干部的主人。这个关系任何时候都不容颠倒。如果不把人民群众当主人，不愿躬身做"仆人"，那就不配当一名领导干部。是否牢记主仆关系、践行执政宗旨，是否做到心系群众、服务人民，是否恪守为民之责、履行为民之职，始终是我们党加强作风建设的重要内容，是衡量一个领导干部作风是否端正的试金石。

俗话说，"当官不为民做主，不如回家卖红薯"。古人也常讲，"圣人无常心，以百姓之心为心"；"德莫高于爱民，行莫贱于害民"。各级领导干部要一切从人民的利益出发，站在人民群众的立场上立身、处世、从政，真正做到权为民所用、情为民所系、利为民所谋。要破除"官本位"思想，克服和纠正那种"当官做老爷"的封建习气，始终坚持党的根本宗旨和群众工作路线，同人民群众保持血肉联系，把智慧奉献于人民、力量根植于人民、情感融解于人民，把解决民生问题放在一切工作的首位，尽心尽力地为群众出主意、想办法、谋利益。

做人与做官

（二〇〇七年二月七日）

俗话讲，做官先做人，做人先立德；德乃官之本，为官先修德。还有，"百行以德为首"，"修其心治其身，而后可以为政于天下"等等，这些讲的都是做人与做官、修身与立德的道理。古往今来，为官者"不患无位而患德之不修"，"不患位之不尊，而患德之不崇"。在历史的长河中，那些帝国的崩溃、王朝的覆灭、执政党的下台，无不与其当政者不立德、不修德、不践德有关，无不与其当权者作风不正、腐败盛行、丧失人心有关。

领导干部也是一个普通的人，也是一个普通的百姓，要会做人，做好人，注意自己的言行举止，珍惜自己的人格魅力，洁身自好，做一个有高尚品德的人。

领导干部又不是一个普通的人，其一言一行对社会具有重要的导向作用。每一位领导干部都要清醒地认识到这一点，时刻以"君子检身，常若有过"的谦诚态度，常修为政之德，常思贪欲之害，常怀律己之心，在实践中把做人与做官统一起来，把学习与改造统一起来，把"立言"与"立行"统一起来，真正做到为民、务实、清廉，把做人的过程看做是完善自我人格、夯实从政基石的过程，把做官的过程看做是提升政德境界、践行为民宗旨的过程，就像毛主席当年号召共产党员的

那样,把自己培养成"一个高尚的人,一个纯粹的人,一个有道德的人,一个脱离了低级趣味的人,一个有益于人民的人"。

权力是个神圣的东西

（二〇〇七年二月九日）

中国古代有一种哲理：国家之权乃是"神器"，是个神圣的东西，非"凡夫俗子"所能用。党员领导干部务必珍惜权力、管好权力、慎用权力。正确行使权力，掌权为公、用权为民，则群众喜、个人荣、事业兴；错误行使权力，甚至滥用权力，掌权为己、用权于私，则群众怨、声名败、事业损。

秉公用权、廉洁从政，是领导干部应该具备的基本素质。早在二十世纪六十年代，邓小平同志就语重心长地告诫全党说："我们拿到这个权以后，就要谨慎。不要以为有了权就好办事，有了权就可以为所欲为，那样就非弄坏事情不可。"这些年有的领导干部犯错误，恰恰都与乱用权有关。各级领导干部对待权力一定要如履薄冰、如临深渊，做到慎用权、善用权、用好权，既要管好自己，又要防止他人利用自己的权力和职务影响谋取非法利益。要树立权力就是服务的意识，经常想一想自己手中的权力是从哪里来的、应该为谁所用这个重要问题，自觉做到用权为公而不为私。要遵守权力使用的纪律规定，严格执行民主集中制，讨论问题讲民主，进行决策讲程序，执行决议讲纪律。要牢记权力就是责任的理念，用权要接受监督，确保权力行使不偏离正确方向，确保权力行使的神圣性。

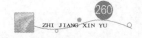

生活情趣非小事

（二〇〇七年二月十二日）

　　风成于上，俗形于下。领导干部的生活作风和生活情趣，不仅关系着本人的品行和形象，更关系到党在群众中的威信和形象，对社会风气的形成、对大众生活情趣的培养，具有"上行下效"的示范功能。这方面的逸事较多，有两则小典故至今读来仍有强烈的警示意义。一则是《宋人轶事汇编》记载：钱俶进宝犀带，太祖曰："朕有三条带，与此不同。"俶请宣示，上笑曰："汴河一条，惠民河一条，五丈河一条。"俶大惭服。另一则是《南村辍耕录·缠足》记载：李后主嫔妃窅娘纤丽善舞，后主令窅娘以帛绕脚，素袜舞云中，回旋有凌云之态。"由是人皆效之，以纤弓为妙，以不为者为耻也"。这两则典故一正一反，说明了领导人在生活细节上体现出来的态度，决不是小事。

　　一名领导干部的蜕化变质往往就是从生活作风不检点、生活情趣不健康开始的，往往都是从吃喝玩乐这些看似小事的地方起步的。如果领导干部生活作风上不检点、不正派，在道德情操上打开了缺口，出现了滑坡，那就很难做到清正廉洁，很难对社会风气起到正面引导和促进作用。在当前复杂的社会环境下，各级领导干部要加强思想道德修养，注重培养健康的生活情趣，正确选择个

人爱好,慎重对待朋友交往,明辨是非,克己慎行,讲操守,重品行,时刻检点自己生活的方方面面,始终保持共产党人的政治本色。

群众呼声是作风建设的第一信号

（二○○七年三月十九日）

在土地革命时期，毛主席就曾明确提出："我们应该深刻地注意群众生活的问题，从土地、劳动问题，到柴米油盐问题……一切这些群众生活上的问题，都应该把它提到自己的议事日程上。""就得和群众在一起，就得去发动群众的积极性，就得关心群众的痛痒，就得真心实意地为群众谋利益，解决群众的生产和生活的问题，盐的问题，米的问题，房子的问题，衣的问题，生小孩子的问题，解决群众的一切问题。"这说明切实解决群众关心的生产生活问题，这是我们党一以贯之的优良传统，这也是我们当前加强作风建设的一个重要突破口和检验作风建设成效的重要标准。

当前，"作风建设年"活动已在全省全面展开，深入推进。各地各部门要根据实际情况，突出重点，选准切入点，切实做好体察民情、了解民意等工作，倾听群众呼声，关心群众疾苦，把群众的呼声作为作风建设的第一信号，把群众的需要作为作风建设的第一需求，坚持把民生问题放在首位，以群众关心的热点和难点问题为工作重点，有什么问题就重点解决什么问题，群众需要什么就重点帮助解决什么，使作风建设的成果惠及群众，真正让群众受益，使群众满意。

领导干部是作风建设的主体

（二〇〇七年三月二十一日）

　　当前，自下而上进行的乡镇、县和市领导班子的集中换届工作即将全面完成。新的领导班子和领导干部有什么样的作风、展示什么样的形象、追求什么样的业绩，是广大党员群众十分关注的问题，也是新任领导班子和领导干部必须首先面对和回答的问题。

　　为了进一步加强领导班子和领导干部作风建设，体现领导带头、率先垂范的要求，省委专门在市、县领导班子中开展以"团结和谐干在实处、科学发展走在前列"为主要内容的"树新形象、创新业绩"主题实践活动，以此作为全省"作风建设年"活动的重要内容，这是加强思想政治建设的现实需要，也是对领导干部提出的明确要求。领导干部是作风建设的主体，应积极投身于"作风建设年"活动之中，恪尽职守，勤勉自励，既自觉承担起作风建设宣传发动、组织实施和监督检查等职责，又努力做良好风气的模范实践者和积极营造者，以进一步改进工作、转变作风、树立形象，增强凝聚力、战斗力、号召力。领导干部既要严格要求自己，也要严格要求他人，要求别人做到的，自己首先要做到；禁止别人做的，自己坚决不能做。要防止隔岸观火光吆喝、卷起袖子不干活的现象，带头把自己摆进去，既抓好本级，又带好下级，一级带着一级干，

一级做给一级看，真正做到以身作则、率先垂范，切实发挥领导班子和领导干部在作风建设中的引领和主体作用。

新官上任要善于"瞻前"、注意"顾后"

（二〇〇七年三月二十三日）

当前,各地自下而上集中换届产生的新一届领导班子,担负着全面落实科学发展观、组织实施"十一五"规划的重任,肩上的担子不轻,更加需要领导干部振奋精神、鼓足干劲、开拓创新。现代化建设好比马拉松接力赛,需要领导干部一任接一任地带领群众跑下去,而每一任领导干部接过的只不过是漫长的接力赛中的短暂一棒而已。所以,领导干部上任伊始,一定要保持清醒头脑,培养"接力意识",既要善于"瞻前",也要注意"顾后",团结带领本地本部门的干部群众在科学发展的轨道上奋力奔跑。

领导干部要善于"瞻前",既不搞"一个师公一道法",也不刻意搞"新官上任三把火"。对于前任留下的工作,只要是符合党的事业和群众利益的,符合实际情况的,就要遵循客观规律,尊重群众意愿,多多"添柴"而不胡乱"起灶",不求个人"风光"而是一以贯之地干下去。领导干部还要注意"顾后",努力培养长远的眼光和全局的思维,按照科学发展观的要求,致力于推动本地本部门又好又快发展,为后任多打些基础,为后代多留些财富,真正做到"为官一任,造福一方"。

领导干部要放下"架子"、做好"样子"

（二〇〇七年三月二十四日）

群众看一名干部是否称职,其中一个重要方面是看其"官样子"做得好不好,有没有"官架子"。现在确实有少数领导干部在群众中的形象不是很好,"官样子"不怎么的,"官架子"倒不小。

"样子"与"架子",表面上看有点相似,内在的含义则有天壤之别。"样子"是好的形象,是群众欢迎的形象,不是外表,而是指干部的德才和实绩。"架子"则是徒有其表,而且是群众不欢迎的形象。群众心中"官样子"好的干部,就是那些政治坚定、能力突出、作风过硬、善于领导科学发展的干部。这在牛玉儒、郑培民、郑九万等一大批党和人民的优秀干部身上得到了生动的诠释。但是也有少数干部走上领导岗位后,滋生了"当官做老爷"的封建习气,像模像样地端起了"官架子",独断专行,脾气越来越坏,生活要求越来越高,与下属和群众越来越远。我们要始终牢记,心系群众鱼得水,背离群众树断根。事实充分证明,领导干部做好"样子",其同群众的关系就密切,工作起来就会得心应手;"官架子"大,其同群众的关系就疏远,工作起来就会举步维艰。

各级领导干部要做胡锦涛总书记所倡导的八个方面

良好风气的模范实践者和积极推动者,切实转变作风,密切党群、干群关系,尽心尽力为群众办实事、办好事,放下"架子"亲民爱民,做出好"样子"率先垂范。

既重务实，又善务虚

（二〇〇七年三月二十四日）

我们在工作中讲求务实，是克服官僚主义、密切联系群众的良好作风。但是如果过分强调"埋头拉车"，忽视"抬头看路"，那就会陷于千头万绪的事务泥潭而不可拔。我们的一些领导干部常年辛劳，夙兴夜寐，却又打不开局面，究其原因，往往是出在没有处理好务实与务虚的关系上。

我们平常说的务实，是指从事某项工作时，能够注重一切从实际出发，说实话、办实事、想实招、求实效。而务虚，则常指在某项工作实际开展之前，先从理论上、思想上、政治上、政策上进行学习、思考、研究、讨论，以求统一思想、凝聚共识、增强信心、鼓舞士气。如果说务实是"决胜千里之外"的实践，那么务虚则是"运筹帷幄之中"的谋划，两者可谓并蒂之花、相辅相成，辩证统一于全部领导活动之中。务实是务虚的出发点和归宿，务虚的目的就是为了更好地务实；而务虚是务实的前提和基础，没有做好务虚，务实就如同无头苍蝇，只能盲目瞎转。正如马克思所说，人比蜜蜂不同的地方，就是人在建筑房屋之前早在思想中有了房屋的图样。这个设计"图样"的过程，也就是务虚的过程。可见，务虚作为一种方法论，与务实一样，对任何领导干部来说都是至关重要的。

　　总之，各级领导干部既要重务实，又要善务虚，把务实与务虚有机结合起来，就实论虚，以虚率实，才能做好各项工作，不辜负组织的信任和人民的期望。

"书呆子"现象要不得

（二〇〇七年三月二十五日）

恩格斯有一句名言：我们的理论不是教条，而是行动的指南。列宁称这是"经典性的论点"。实际上，它讲的就是理论联系实际的学风。可现实生活中却存在着一种奉行本本和教条的"书呆子"现象。有一些党员，特别是少数领导干部，虽然都有一定的文化水平，也经常读书，但却没有真正做到"求知善读"，不是专注于死读书、读死书，就是生搬硬套、照抄照搬，还有的纸上谈兵、华而不实。"书呆子"现象在领导干部中的存在，不但害人害己、影响工作，而且危害长远、影响恶劣。追根溯源，这种现象反映出来的是学风上的问题，也就是理论与实际严重脱离。不读书要不得，"书呆子"现象也要不得。读书不是一件容易的事，要切实加强对马克思主义的学习，重视学习的针对性和指导性，善于用马克思主义的立场、观点、方法认识和解决遇到的问题。要充分考虑生动的实际生活和现实的确切真实，注重研究新情况，认真分析新问题，积极寻求新对策，努力做到知行合一，理论联系实际，实实在在地做事情，尽心尽力地干工作，而不是热衷于追求热闹，只摆花架不种花，只摆谱架不弹琴。

追求"慎独"的高境界

（二〇〇七年三月二十五日）

《礼记》有云："莫见乎隐，莫显乎微，故君子慎其独也。"党员干部要"慎独"。党员干部特别是领导干部手中往往掌握一定的权力，不仅要主动接受组织、制度的监督，而且还要不断加强自律，做到台上台下一个样，人前人后一个样，尤其是在私底下、无人时、细微处，更要如履薄冰、如临深渊，始终不放纵、不越轨、不逾矩。刘少奇同志在《论共产党员的修养》中就将"慎独"作为党性修养的有效形式和最高境界加以提倡，他说："即使在他个人独立工作、无人监督、有做各种坏事的可能的时候，他能够'慎独'，不做任何坏事。"党员干部都要努力做到"慎独"。首先，要坚定理想信念，树立明确的政治方向，遵守鲜明的政治原则，珍惜个人的政治生命，以形成内在的"定力"。其次，要时刻反躬自省，就像古人讲的"吾日三省吾身"，自重、自省、自警、自励，洁身自好，存正祛邪，注重修身养德，增强防腐拒变的"免疫力"。同时，还要办事公开透明。党员干部也是普通的人，难免存在各种弱点，会犯各种错误，而阳光是最好的防腐剂，只要办事讲民主、讲程序、讲纪律，避免暗箱操作、上下其手，就能减少各种诱惑的"渗透力"，防腐拒变才不会成为一句空话。

编者的话

　　为更好地反映中共浙江省委的工作部署和省委领导的思想观点，近几年，《浙江日报》在一版开辟了一个特色栏目——"之江新语"专栏。

　　时任浙江省委书记、省人大常委会主任的习近平同志，对本报的言论工作高度重视，在繁忙的工作之中一直坚持为"之江新语"专栏撰写稿件。这些短论，思想性强、针对性强、时效性强，语言简洁明快，观点敏锐清晰，形式生动活泼，讲道理浅显易懂，不空发议论，言之成句，持之有理，文风朴实，或赞美表彰，弘扬正气；或批评鞭挞，斥责歪风；或分析道理，揭示规律。这些短论，鲜明提出了推进浙江经济社会科学发展的正确主张，及时回答了现实生活中人民群众最关心的一些问题。"之江新语"专栏因而成为指导全省工作的一个重要窗口。

　　这些短论，在干部群众中引起了很大反响。读者纷纷向报社建议，将"之江新语"编辑成册。为满足读者的要求，我们再三征求习近平同志的意见，在征得习近平同志同意后，以《之江新语》的书名，将习近平同志四年多来在"之江新语"专栏发表的短论结集出版。

　　本书收入习近平同志自 2003 年 2 月至 2007 年 3 月间在"之江新语"专栏发表的短论 232 篇，按照发表的时间顺序进行编选。所选内容均保持刊发时的原貌，仅由作者本人对极个别文字进行了订正。

　　借此感谢作者和读者对本报的关心和支持！

浙江日报社

2007 年 5 月 6 日

图书在版编目(CIP)数据

之江新语/习近平著.—杭州:浙江人民出版社,
2007.8(2019.3重印)

ISBN 978 - 7 - 213 - 03508 - 1

Ⅰ.之… Ⅱ.习… Ⅲ.地方政府—工作—浙江
省—文集 Ⅳ.D625.55 - 53

中国版本图书馆 CIP 数据核字(2007)第 057328 号

书　　名	**之江新语**
作　　者	习近平
出版发行	浙江人民出版社(杭州市体育场路 347 号)
	市场部电话:(0571)85061682　85176516
责任编辑	虞文军
责任校对	朱晓阳
电脑制版	杭州大漠照排印刷有限公司
印　　刷	杭州富春印务有限公司
开　　本	710 毫米×1000 毫米　1/16
印　　张	17.75
插　　页	3
字　　数	20 万
版　　次	2007 年 8 月第 1 版
印　　次	2019 年 3 月第 16 次印刷
书　　号	**ISBN 978 - 7 - 213 - 03508 - 1**
定　　价	36.00 元

如发现印装质量问题,影响阅读,请与市场部联系调换。